Historias imperfectamente perfectas

Historias imperfectamente perfectas

Eva Orts Sánchez

Círculo Rojo
EDITORIAL

Primera edición: Enero 2024

Depósito legal: AL 20-2024

ISBN: 978-84-1061-380-5

Impresión y encuadernación: Editorial Círculo Rojo

© Del texto: Eva Orts Sánchez
© Maquetación y diseño: Equipo de Editorial Círculo Rojo
Editorial Círculo Rojo

www.editorialcirculorojo.com
info@editorialcirculorojo.com

Impreso en España — Printed in Spain

A mi familia, por estar siempre a mi lado animándome y por hacer posible que todas estas letras hayan formado este gran tesoro.

A mis amigos, por formar parte de algo tan especial para mí.

Y a ti, porque ahora ya estás metido en esta aventura.

La vida es
Un Viaje.
No un destino.

Existen diferentes tipos de viajes. Los hay de aventuras, de amor, de trabajo, de salud, de ocio, viajes con amigos o en solitario… Y un día te das cuenta de que cada una de estas andanzas forma parte de ti, y es tu vida.

Empiezas a recorrer un largo camino. Da igual el medio que elijas, lo importante es el viaje.

Conoces lugares inolvidables, que te encantaría volver a visitar. Son todas y cada una de esas situaciones que al recordarlas te dejan ese sabor tan agradable y tan dulce. Haces todo lo posible para que nunca desaparezca ese dulzor que te ha hecho y te hace sentir tan especial.

En cambio, también hay momentos que tienen el efecto contrario. Tienes tantas ganas de que se borren y se conviertan en momentos olvidados… Porque en una parte de ese desplazamiento te ha podido acompañar la amargura, el enfado, la decepción y se ha hecho un poco más dura y pesada esa marcha.

En este largo trayecto vas conociendo todo tipo de personas. Algunos siempre te acompañarán en este recorrido. Se convertirán en grandes y buenos amigos. Puedes estar tiempo sin verlos, sin poder deleitarte de su compañía. Pero esa conexión nunca se desvanecerá y siempre se mantendrá intacta, como si no hubiera pasado el tiempo ni la distancia. Da igual los años que pasen, siempre formarán parte de tu loca y disparatada aventura.

Sin embargo, otros bajarán en alguna que otra parada o estación, sin tener un motivo justificado. Simplemente es que vuestras trayectorias se separarán. Puede ser que su viaje haya llegado a su fin o por el contrario, ya no compartáis el mismo objetivo o los mismos valores. Que ya no tengáis nada en común. Y cada uno sigue su camino, buscando su propio destino.

No hay que olvidar que con cada uno de estos pasajeros has compartido o compartirás momentos (da igual si son de mayor o menor intensidad). Lo que cabe destacar es que han formado parte de este viaje y han conseguido que tu vida merezca la pena vivirla.

Siempre hay que seguir hacia adelante, aunque a veces no es lo que se espera o lo que tanto habíamos soñado.

Hasta incluso, en ocasiones pueden aparecer esos sentimientos que hagan tambalear o hasta llegar a ralentizar el ritmo de este desplazamiento. Pero no por ello hay que perder las ganas de vivir esta maravillosa travesía.

Así que nunca dejes pasar el último tren y vive tu viaje.

Y si luego

es...

NUNCA

Sentada al lado de la ventana, sumergida en sus pensamientos, dejando de lado el traqueteo del tren.

Centrándose en cómo serían sus primeras vacaciones en solitario, su imaginación se había puesto en marcha robándole una pequeña sonrisa. Notó una presencia al lado, dirigió la mirada a su nuevo compañero de asiento.

Desde el primer instante tuvieron una conexión pura y sincera. Ella no dejaba de hablar de su nueva aventura, de sus proyectos, desprendía tanta ilusión, tanta vida.

Sin embargo, él era todo lo contrario, su semblante era frío, vestía de negro, solo la escuchaba y observaba cada uno de sus gestos.

Cuando de pronto se le acercó y susurrándole al oído le dijo yo te acompañaré en tu viaje. Ella, sorprendida al escuchar su voz, cerró dulcemente los ojos y empezó su último viaje sin haberlo planeado.

A veces lo más
valiente es
no aguantar

Pasas un buen día por delante de una zapatería y te quedas deslumbrada por unos zapatos que hay expuestos en el escaparate.

Tu mirada se centra solo en ellos, no existe ninguno más. Sabes que no son de tu estilo. Que tú nunca te hubieras sentido identificada con ese tipo de calzado porque no forma parte de ti.

Mientras estás observándolos, tu mente ya empieza a mostrarte imágenes con tus nuevos zapatitos. Te encanta todo lo que ves y te ilusionas con la nueva versión que estás viendo de ti.

Decidida entras en la tienda y le preguntas a la dependienta si tiene tu número. Tus ansias de tenerlos van creciendo. De nuevo tus ilusiones junto con tu alegría van aumentando hasta que escuchas un triste «no lo tengo» acompañado de una forzosa sonrisa, que te hace despertar a la realidad.

Sientes que todo lo que habías imaginado se rompe en mil pedacitos. De nuevo tu mente entra en juego.

No puede permitir que todo lo que te ha mostrado se esfume, se desvanezca y te lanza su último mensaje «coger diferente talla».

Posiblemente se den al utilizarlos o que con una simple plantilla pueda solucionar ese pequeño problema sin importancia. Y tú te crees todo lo que tus pensamientos te están hablando y con los ojos cerrados y sin dudar, los compras.

De nuevo tu entusiasmo vuelve aparecer, vuelves a creer en esa nueva versión de ti que te ha mostrado tu querida cabecita. Tú ya tienes lo que deseabas, unos tacones nuevos.

Al día siguiente con muchísimas ganas te los pones, haces todo lo posible para que sean perfectos para ti.

Recuerdas aquellos consejos o remedios de la abuela que te han contado o que has leído. Y rápidamente te embadurnas los pies de crema hidratante para que se den más rápido.

Puedes ir andando, te molestan pero tampoco tanto, aguantas el dolor. Piensas que con el paso de los días ya se darán. Y todo será perfecto.

Como siempre la ilusión del principio lo soporta todo. Hace que te engañes y te hace ver una realidad paralela que ni tan siquiera te reconoces, ya que tus valores y pensamientos poco a poco van perdiendo la fuerza del principio.

Cada día al llegar a casa tu dolor de pies es inaguantable, pero todo tiene un precio.

Así que a la mañana siguiente te los vuelves a calzar. Tienes que dar la imagen de alguien que no eres, quieres aparentar lo que no eres y cada segundo se hace más insoportable al llevarlos, al aguantar esa situación.

El dolor aumenta hasta que llega a paralizarte, sin dejarte avanzar, sin poder dar un paso hacia delante. Has pagado un precio muy alto por algo que no es de tu talla.

Así que tú eliges si merece la pena tener, llevar o vivir algo que no es de tu medida. Tú decides.

Vive

Ama

Sueña

Canta

Cada mañana entraba por esa puerta con esa alegría que le caracterizaba, cantando la letra de su canción favorita de Antonio Machín: «Toda una vida estaría contigo...», se acercaba a ella, regalándole un beso en la frente, que lo acompañaba con un «buenos días, princesa».

Sin embargo, ella tenía su mirada puesta en el techo de esa fría habitación. No reaccionaba ante esas palabras hermosas que su amado le dedicaba. Durante todo el día, se quedaba junto a ella, aprovechaba cada minuto a su lado.

Le acariciaba el pelo, le hablaba de su pasado en común, recordando anécdotas que le robaban pequeñas carcajadas. Pero solo se escuchaban las de él, ya que ella estaba sumergida en su mundo, sin entender nada del presente, porque su presente era blanco, sin recuerdos, ni pensamientos...

Por las tardes, él se acostaba a su lado, abrazándola. Cogía sus manos, entrelazando sus dedos. ¡Quería sentirla tan cerca! La miraba con ternura y le hablaba con tanta dulzura... siempre esperando a que ella despertara, que reaccionará, que le diera esa señal que él tanto ansiaba, que le dijera que seguía ahí, junto él.

Al caer la noche, se marchaba con tristeza, dejándola en la misma posición que la encontraba a la mañana siguiente. La hallaba con esa mirada fija y sin vida. Era, pues, el ritual de los últimos diez años.

Pero él jamás se dio por vencido. Jamás perdió la esperanza de que ella volvería a ser la de años atrás. Aquella mujer risueña con aquellos ojos tan vivarachos, que desprendían tanta vida y hablaban por sí solos.

Y aquella tarde de primavera, se acostó junto a su bella esposa como siempre hacía, cogió su mano, pero esta vez fue diferente. Él cerró sus ojos y se durmió en un sueño eterno.

Ella, en cambio, apretó su mano, entrelazando sus dedos y empezó a tararear aquella melodía que durante tantos años, cada mañana, había escuchado...

Me buscabas
y te
encontré

Te vi en aquella cárcel de cristal donde todos los que pasaban tocaban aquel escaparate para llamar tu atención, como si de un espectáculo se tratase.

Era una jaula con cuatro paredes transparentes y allí estabas tú entre sucias hojas de periódico mirando todo lo que se movía con aquellos ojitos tristes, con cara de peluche y largas orejas.

Verte allí con aquella manchita blanca en tu cabecita me hizo recordar que no era la primera vez que te veía, que ya habíamos compartido momentos. Apareciste en uno de mis sueños, fuiste tú quién me eligió a mí aquella noche y fui yo quien te eligió a ti en el mundo real.

Sólo salir de tu prisión te cogí entre mis brazos y te prometí que nunca te iba faltar de nada, pero me ganaste con creces. Tu lealtad fue mi felicidad, todo a cambio de nada. Siempre pendiente de mí, nunca dejándome sola. Y así sin querer nos comprometimos el uno con el otro.

Siempre te cogía entre mis brazos cantando aquella canción que hicimos nuestra «Qué bonito tu pelo negro...», mientras te dormías escuchando el latir de mi corazón.

Y así pasaban los días y con ello los años, ya se veían aquellos pelos blancos que reflejaban el paso del tiempo, te estabas convirtiendo en un abuelito, dejaste de ver, de oír.

Se me hacía duro ver cómo te ibas apagando, mi egoísmo no podía ser tu sufrimiento, no merecías padecer más. Tuve que elegir lo que te daría calma, no fue mi mejor elección, pero sí la correcta.

La noche antes de que partieras hacía el puente del arco iris, te fuiste para estar solo en tu cama y mientras dormías llorabas. Parecía que sabías que sería nuestra última noche juntos.

A la mañana siguiente, cuando te adormilaron, pusiste aquella carita tan bonita, mi pequeño peludo, eras un peluche.

Te cogí entre mis brazos sin llorar para que te fueras de este mundo en paz, sin angustia, sin pena, no te lo merecías.

Te apreté fuerte hacía mi corazón y empecé a tararear nuestra canción, como tantas veces había hecho.

Te relajaste, te dormiste profundo a la vez que ya entraba por tu cuerpo la dosis que definitivamente nos iba a separar y al instante tu pequeño corazón dejó de respirar.

Me rompí en mil pedazos al ver tu cuerpo sin vida como si fueras un muñeco de trapo. Lo único que pude hacer fue darte un beso de despedida pensando que algún día nos volveríamos a encontrar, nos volveríamos a elegir de nuevo.

Y así acabó nuestra historia como empezó…, entre mis brazos.

En

cada

detalle

está

la

respuesta

Desde bien pequeño había deseado tener esa larga melena que llegaba hasta la cintura como las niñas de su clase. Sentía curiosidad, observaba cada uno de aquellos gestos femeninos que le fascinaban.

Él, a escondidas, intentaba imitarlas, la forma de hablar, de gesticular, las risas femeninas, ser presumidas, sentía debilidad por los vestidos y las faldas de vuelo. Siempre se rodeaba de sus compañeras sintiéndose una más del grupo.

Todas las mañanas se encerraba en el baño, largo y tendido, se miraba y se imaginaba frente aquel espejo siendo una niña. Esperando que aquel reflejo le diera la solución a su tormentosa vida.

Siempre pensaba que algún día sus plegarias se harían realidad y saldría de allí siendo la bonita niña que había en su interior. Así era como verdaderamente se sentía. Pero la realidad era tristemente diferente, no le gustaba lo que veía, se sentía atrapado en un cuerpo no correspondido.

Los días iban pasando y con ellos los años. El maquillaje, el rímel y el brillo de labios se habían convertido en su mejor aliado junto con su larga melena. Eran motivos suficientes para ser el blanco perfecto de las burlas y mofas de algunos de sus compañeros.

Aprendió que todos aquellos comentarios despectivos siempre formarían parte de su vida, que siempre le perseguirían. Sin embargo, le hicieron ser más fuerte después de haber derramado tantísimas lágrimas.

Qué tristeza tener gente al lado y sentirse completamente solo. Pero esto nunca fue un inconveniente, ni se dio por vencido. Tras cada caída, sabía con certeza quién era, cómo se sentía y qué quería. Siempre fue perseverante y luchó por su único sueño. Luchó por ser ella.

En la noche de su graduación, se podía escuchar música, gritos de alegría, risas de sus compañeros en todo el recinto. La gente estaba tan alegre. Ponían fin a una etapa para dar comienzo a otra totalmente diferente.

Prepararon con todo lujo de detalle una gran fiesta. Tenían que despedir ese ciclo y celebrarlo por todo lo alto. Allí se encontraban todos reunidos, profesores, estudiantes, familiares...

De repente se hizo un silencio sepulcral en ese gran local. Todos dirigieron su mirada a la entrada. Y allí estaba, de pie junto aquella puerta de metal.

Subido en aquellos tacones que tanto había soñado, llevaba un largo vestido de princesa, de color esperanza. Sin complejos, sin apariencias. Siendo ella misma.

De nuevo volvía a ser el centro de atención, pero esta vez solo se escucharon aplausos que sonaban al unísono.

Fue su principio.

Somos una vez en la vida

Abrió ese portón de madera tan pesado a la vez que no cesaba de chirriar. Ella se encontraba en medio de ese amplio y largo pasillo.

A ambos lados había asientos de roble que necesitaban una mano de barniz. Observó que había bastante gente sentada. Unos estaban solos, otros acompañados y algunos preferían estar de pie, apoyados en esas frías y anchas columnas. En el ambiente se podía escuchar un leve murmullo. La mayoría de los asistentes estaban en silencio, se mantenían a la espera.

Ella, sin perder el paso, al ritmo de sus ruidosas pisadas, se dirigía cabizbaja con su papel en mano.

Preparada para hacer ese elogio fúnebre. El que tantas veces había escrito, borrado, escrito y repetido. Debía, tenía y quería hacerlo perfecto, solo por ella, solo para ella. Se lo merecía.

Quería plasmar en esa hoja su impecable discurso. Los que no tuvieron el placer de conocerla deseaba que lo hicieran a través de sus recuerdos, de sus momentos que había compartido con la ya difunta que yacía en esa caja de madera.

Pasó por el lado sin poder levantar su mirada de esos azulejos que dibujaban figuras geométricas sin sentido. Aunque ella intentaba buscar alguna relación entre sí y que la uniese más a esas palabras que estaba a punto de pronunciar. Sus nervios estaban a flor de piel.

Subió los cuatro escalones, se acercó al altar y se puso en frente de un pequeño micrófono. Respiró profundo. Podía sentir la mirada de todos aquellos familiares, amigos, compañeros, conocidos y desconocidos que habían acudido a esa última despedida.

Desplegó su valioso tesoro y empezó a leer el ansiado discurso:

«Ella, tan joven, ha tenido que irse de este mundo, sin apenas despedirse de toda la gente que la quería y la amaba. La vida ha sido un tanto cruel al querer llevársela tan pronto .

Ella siempre dispuesta a ayudar a los demás. Centrada en su trabajo, muy responsable y una grandísima compañera. Se pasaba las horas encerrada en esa oficina, trabajando sin cesar.

Su lema de vida no le permitía equivocarse. Era muy eficiente, muy perfeccionista. Le tenían una gran estima los que tuvieron y tuvimos el placer de trabajar con ella.

A muchos de ustedes puede ser que no les resulte familiar esa carita porque mucha vida social no tenía, se dirigía después de su jornada laboral a casa. Era una gran profesional.

Allí donde estés disfruta de tu nueva vida…».

Y en ese momento señaló y miró hacía el féretro quedándose perpleja, cuando se dio cuenta de que la que se encontraba allí tumbada era ella, estaba presente en su propio entierro.

Sobresaltada, abrió los ojos, estaba empapada en sudor. Saltó de la cama, lanzada se dirigió al baño, echándose agua fría para reaccionar y calmar esas palpitaciones que le dificultaban el respirar.

Solo la recordarían por su trabajo, se repetía una y otra vez.

Se negaba a que la recordarán por haber sido una gran compañera. Y lo más triste de todo, por no haber sabido vivir la vida, así no.

Se fue derecha a su armario. buscó en unas cajas que estaban llenas de polvo, amontonadas unas encima de otras, en una esquina olvidada.

Un tiempo atrás toda esa columna polvorienta había formado parte de ella y de su vida, era su pasado. Buscó y rebuscó entre sus pertenencias hasta que al final encontró lo que andaba buscando.

Se calzó aquellos tacones, los más altos que tenía, cogió su chaqueta motera, se pintó los labios de rojo soltándose y revoloteándose aquella larga melena.

Se encendió un cigarro a la vez que se escuchaba el portazo de su vida.

¡Qué gran placer conocerte!

Tú, sí, sí, tú…

Llevo observándote a lo largo de tu vida. Has sido una gran guerrera. Has demostrado mucha valentía, has librado batallas que no te correspondían, pero siempre has salido airosa.

A veces triunfando otras perdiendo, pero lo más importante es que has salido por tu propio pie. Has aguantado los duros golpes recibidos. Has llegado a quedarte de rodillas sin apenas aliento, pero como buena luchadora que eres nunca dejaste que te derrocaran.

Siempre has demostrado tener alegría aunque por dentro estuvieses rota. Nunca desapareció esa chispa de locura que quería ver a todo el mundo sonreír.

Te has volcado con los tuyos demostrando el significado real de familia. Has sido el hombro para que tus seres queridos derramaran sus lágrimas o sus preocupaciones.

Últimamente me ha sorprendido que eres fiel a ti misma, estás creando momentos que nunca hubieras imaginado.

Ya no necesitas la aprobación de los demás. Poco a poco estás demostrando esa seguridad que crece en tu interior.

Aceptas que la perfección es la imperfección, que vives en el presente sin mirar los fantasmas del pasado, ni los miedos del futuro.

Ya no escuchas aquel ruido continúo en tu interior. Has conseguido apagar todos esos sonidos que retumbaban y no te dejaban ser tu misma.

Estoy orgullosa por este cambio que has dado, no ha sido un camino fácil, pero si hay dolor hay cambio, por lo tanto tú has cambiado.

Si no te has dado cuenta todavía, quería decirte que tú eres yo y yo soy tú,

ENCANTADA DE CONOCERME

Quién tiene magia no necesita trucos

La magia es ilusión, es alegría, es inocencia, es un mundo de sueños. Es una caja de sorpresas donde lo imaginario se hace real, donde lo imposible se hace posible.

Desatando un torbellino de emociones que te envuelven y tienen captada toda tu atención. Centrándote única y exclusivamente en el mago, que te muestra otra realidad totalmente diferente.

El AMOR es como la MAGIA.

Algunos creen en ella dejándose invadir por todas esas sensaciones que te hacen sentir tan mágica. Disfrutando de cada momento. Creando un mundo de fantasía y deseando que siempre este presente y nunca se desvanezca.

Otros, en cambio, solo prestan atención en descubrir los secretos ocultos. Dejándose llevar por una lógica sin ilusión, sin sueños, sin hechizos. Donde solo predomina una razón que siempre va marcada por unas pautas.

Y es entonces cuando empieza el espectáculo. Siempre depende del mago.

Algunos te eligen para que seas su compañera en cada actuación. Haciéndote sentir valiosa, que eres única y especial. Y sin darte cuenta, él te ha convertido en la protagonista del espectáculo de su vida.

Sin embargo, hay otros que no nos hacen partícipes en sus actuaciones. Que solo nos ven como simples ayudantes de escenario.

Subiendo y bajando el telón a su entera disposición. Luciendo siempre una bonita sonrisa acompañada de una imagen perfecta.

Nos quieren hacer creer que algún día, seremos la actriz principal. Cuando en realidad estamos bajo la sombra de ese personaje, con chistera y capa. Que lo único que reclama es reconocimiento, atención y aplausos.

Intentan despistarnos para que no veamos que sus artimañas, no son tan limpias como parecen.

Y que todo el encanto que nos ofrecía en un principio, se esfuma sin dejar rastro como por arte de magia. Como si nunca hubiera sido real.

Nos habíamos creído sus trucos pero no por ello la magia deja de existir.

Así que no sigas esperando el truco final y Enciende Tu Magia.

Quiérete,
te vas a
necesitar.

¿Qué ha vuelto a pasar? Han tenido que volver a llamar a tu puerta para que reaccionaras de nuevo. Parecía que lo estabas viendo venir, aunque en realidad no querías ser consciente de que nuestra querida amiga la AUTOESTIMA, se iba tambaleando.

Como siempre esas letras en mayúsculas, iba haciendo de las suyas. Esos famosos zigzag incontrolables. Que van cogiendo un ritmo acelerado y acabando a gran velocidad, sin rumbo fijo y sin frenos. De capa caída hacia un trágico final.

Como consecuencia de este trepidante ritmo, hace que nuevamente se presenten, en el umbral de tus pensamientos, esas emociones tan negativas.

Que lentamente van desatando los celos, pudiendo llegar a convertirse en enfermizos. Esas odiosas comparaciones que te hacen sentir el ser más diminuto del planeta. Como si fueras un minúsculo granito de arena, sin valores ni virtudes.

Y tú sin pensarlo les vuelves a abrir la puerta de par en par. Recibiéndolos, dándoles una feliz y calurosa bienvenida.

Parece que te has dado cuenta de que casi rozas de nuevo ese suelo donde tantos años has estado abrazada. Notas ese frío atroz y tan helado que te resulta tan familiar. Intentas hacer todo lo posible para alzar de nuevo ese vuelo.

Esta vez no llegas a caer. Has reaccionado antes de volver a acariciarlo. No quieres volver a repetir situaciones anteriores, donde tú siempre quedabas en el olvido.

Has vuelto a mirarte a través de los ojos de los demás, has mirado hacía fuera olvidándote de ti. Has vuelto a dar el poder quedándote en el último puesto o lugar de esta carrera llamada «tu vida».

Pero lo más importante es que rebuscarás en ese rincón de tu cabecita y encontrarás esas herramientas que se encuentran escondidas, pero no por ello olvidadas.

Volverás a colocarte bien esa corona que tan bien te hace y te sienta. Y así, de nuevo, volverás a reinar en ese magnífico paraíso que es tu mundo. Creerás en ti e intentarás no volver a caer en cualquier rol en el que ya no te sientes identificada.

Ya no bailarás ese son que no te hace sentir cómoda. Sentirás que ya no encajas en esos bailes. Te sentirás totalmente arrítmica. Y por lo tanto, empezarás a ensayar, volverás a crear tu propio ritmo, tu propio estilo e innovarás en cada uno de tus pasos.

Nunca te olvides de recuperar aquella esencia que te hacía sentir única.

Así que solo podemos decir que siga la música y a danzar al ritmo de la vida.

Y

Colorín

Colorado...

Desde bien niña creyó en el amor de los cuentos que cobraban vida en su pequeña cabeza, ella se convertía en la princesa encantada a la espera de que su príncipe azul algún día la rescatara.

Y el que fueron «felices para siempre» se convertiría en su lema y en una lucha incesante.

Pasaron los años, ella iba creciendo a la vez que este sueño cobraba más vida, más veracidad, más fuerza. Se iba incrustando sin darse cuenta dentro de su pequeño corazón, convirtiéndose en una obsesión no reconocida.

Llegó ese día tan esperado, su príncipe al que tanto ansiaba y anhelaba había aparecido. Ella se cegó solo al verlo, no veía las posibles sombras de su amado. Lo idealizó, era perfecto, era lo que siempre había estado buscando.

Estaba tan segura, no tenía ninguna duda de que él era el amor de su vida, era su media naranja, era su amante, era su confidente, era su pareja…, era su todo.

Por defender esta historia de amor perfecta ella luchó contra dragones, brujas, magos, soportó todo tipo de opiniones que para ella no tenían ningún valor. Pero como buena guerrera salió airosa, victoriosa, consiguiendo su trofeo más valioso, estar al lado de su valiente príncipe.

Sin darse cuenta de que la única que lo arriesgó todo por amor fue ella. Una mala jugada que el destino tarde o temprano se lo haría pagar muy caro.

Ella seguía sumergida en su mundo de fantasía. Le entregó su vida, todo era perfecto. Una bonita pareja feliz, ideal.

Pero él empezó un juego muy peligroso y a la vez cruel, haciéndola partícipe a ella sin saberlo. Se había convertido en una simple ficha de tablero.

La partida había comenzado. Sus reglas eran frías y muy estrictas. Jugar con los sentimientos, humillar, menospreciar, manipular, ningunear.

Todas las emociones que giraban en torno a este juego, estaban haciendo mella en nuestra pequeña princesa; digo pequeña porque era como empezaba a sentirse.

Se iba hundiendo poco a poco en un pozo sin fondo, pero ella nunca dejó de brillar, porque ella era luz y la luz en la oscuridad brilla con más intensidad.

El tiempo pasaba y poco a poco su esencia se fue cubriendo con los disfraces que ella misma tejía en su mente para evitar sufrir.

Su tristeza empezó a invadir su interior. El brillo de sus ojos dejó de tener esa intensidad que tanto la caracterizaba.

Ya no se escuchaba su risa por los rincones del palacio o sus graciosas ocurrencias. Su llama interior, poco a poco se estaba apagando. Aprendió a dibujar una sonrisa en su rostro ya que su alegría estaba desapareciendo.

Ella seguía viviendo en una ilusión. Vivía en ese castillo que habían creado. Ella siempre a la sombra de él, pero ella no veía el problema porque todo era por amor, «por amor hay que sufrir», «quién más te quiere te hará llorar», todo se perdonaba en nombre del amor.

Ella lo necesitaba, le mendigaba migajas de amor. Le suplicaba un poco de cariño, le pedía apoyo. Pero nunca sintió que él estaba a su lado.

Ella había normalizado ese estilo de vida tan triste, donde abundaban más lágrimas que sonrisas, más penas que alegrías. Esa era su vida que elegía día tras día.

Ella, sentada en un rincón de su soledad, invadida por la tristeza. Se sentía cada vez más afligida, como a esa niña cuando le regalan una muñeca y al momento se la quitan por su mal comportamiento. Esa tristeza se convierte en llanto e invade su habitación oscura. Todos esos sentimientos de culpa y pena la fueron persiguiendo durante días, meses, años…

Y como la vida no da puntada sin hilo, el día menos pensado, a la princesa se le cayó la venda de los ojos, se dio cuenta de que se había perdido, que había dejado de ser ella misma, no se conocía ni reconocía, siempre se había mirado a través de los ojos de su maravilloso príncipe.

Se derrumbó al pensar que todo había sido una invención. Su castillo se esfumó, se desvaneció y con todo ello todas sus ilusiones que se habían construido de falsas promesas.

Todo lo que había luchado, creado, creído y formado, cayó en el olvido. Dejó de tener sentido, dejó de tener valor, dejó de ser real, nunca había existido, solo había sido real a través de la mirada de la princesa encantada, ya que siempre le había dado un toque de color para evitar ver la cruda realidad en blanco y negro.

Todo desapareció, hasta nuestra querida princesa.

Cayó en el abismo haciéndole descender hasta lo más profundo de su ser. Era incapaz de abrir aquellas alas que la hacían tan mágica y tan especial.

Seguía cayendo en el vacío sin oponer ninguna resistencia, se había resignado. Dentro de ella no existía ningún motivo para abrirlas y salir volando como ya había hecho en otras ocasiones. Esta vez no, esta vez fue diferente.

Sus fuerzas la habían abandonado, no pudo soportar el golpe tan duro que la vida le había asestado.

Tocó fondo yaciendo en el suelo con la mirada pérdida sin ver lo que ocurría a su alrededor.

Pasaban los días y nuestra querida princesa había creado un mundo paralelo. Donde todo era oscuro, donde abundaban las sombras, donde la alegría no existía. Ni se escuchaba esa voz que hablaba con tanto énfasis. Ni aquellos gestos tan dulces o aquellas miradas de complicidad que hablaban por sí solas. Todo se había transformado en silencio y lágrimas.

Se alejó de las personas que siempre la habían rodeado, cuidado y ayudado. Se encerró en sí misma empezando a valorar su propia soledad.

Todo lo de su alrededor había perdido el valor y la atención que siempre ella les otorgó. Su pena y su tristeza eran cada vez mayores.

Estaba apagada, pérdida, se encontraba dentro de un laberinto sin poder encontrar la salida, sin saber quién era realmente y hacia dónde se dirigía…

Nuestra pequeña siempre demostró ser una luchadora nata, así que no se dejó vencer tan fácilmente. No dejó que nadie participara en esta batalla que solo le correspondía librar a ella.

Su esencia nunca la abandonó, todo lo contrario, se despojó de todos aquellos disfraces que ella había creado.

Y en ese preciso instante se dio cuenta de que no era ella, que no quería sentirse así, no quería una vida gris. Su esencia estaba empezando a brillar poco a poco. Y esa sería la luz que la guiaría para poder salir de aquel túnel tan solitario.

Resurgió de sus propias cenizas como el Ave Fénix. Volvió al mundo real con más fuerza, pero ya no era la misma, seguía siendo la dulce y sensible princesa pero algo dentro de ella había desaparecido.

Nuestra querida niña pasó un proceso de duelo, primero fue la negación, pensaba en cómo una persona que te quiere te puede dañar, «no puede ser», se decía.

Después apareció el enfado, sentía mucha rabia dentro de sí por no haber sabido poner los límites a tiempo. Seguidamente nuestra querida tristeza, una de las grandes emociones que le resultaba tan familiar, ya que era la que más había habitado en su vida.

Y por último la aceptación. Aceptó tal y como había sido su vida, sacó el lado positivo y el aprendizaje tan duro que había hecho.

Y como en todo cuento siempre hay un final feliz. La maravillosa y valiosa princesa ahora sabía con certeza quién era y lo que no quería en su vida.

Abrió sus dulces labios dejando escapar un «todo sin ti».

Juega como
si no
hubiera
un mañana

Se da por hecho que al ser niños no existen problemas, no existe el sufrimiento.

Que la palabra inocencia no puede albergar el significado de dolor. Que se vive en un mundo lleno de alegría, de ilusión, de bondad.

Viviendo cada día en una fantasía. Dónde puedes montar en unicornio, surcar los mares en busca de tesoros junto a unos intrépidos piratas o vivir cualquier otra aventura que desees…

Solo tienes que dejar volar la imaginación y hacer que se convierta en tu leal y fiel compañera. Convirtiendo tu niñez en una hermosa e inolvidable infancia.

Recibes el cariño y la protección de los tuyos, sientes que eres especial. Y que en lo único que hay que pensar es a qué jugar y con quién.

La teoría es tan bonita y sencilla pero dista mucho de la realidad.

La vida juega partidas bastante intensas y a la vez difíciles que dejan huella en un pequeño gran corazón.

Con su paso va dejando heridas que tardan en sanar. Pasando a ser esas cicatrices que siempre te recordarán ese dolor que un día conociste.

Esas marcas nos acompañarán el resto de nuestros días. Se transformarán en traumas que aparecerán en nuestro camino. Entonces dependerá de cada uno como lidiarlos, se intentará hacer de la mejor manera para no volver a despertar lo que un día se intentó dormir, con el fin de no volverlo a sentir.

Y es ahí, cuando aparece esa pequeña niña salvadora que habita en nuestro interior.

Quiere tomar las riendas de nuestra vida. Protegiéndonos del mundo real, asumiendo decisiones que no le corresponden y alejándonos de nuestras responsabilidades.

Y cuando menos lo esperas llega ese maravilloso gran momento. Que simplemente se nos cae la venda de nuestros ojos o despertamos de ese profundo letargo que un día nos adentramos.

Volvemos a ser conscientes, volvemos a despertar, volvemos a recuperar nuestra esencia.

Recuperamos el control de nuestra vida para poder enfrentarnos a los nuevos retos que la vida nos volverá a hacer partícipes.

Y así es como dejamos que esa pequeña niña que habita en nosotros aprenda a jugar.

Quítate
la máscara
y empieza
a ser

Su padre era su todo, era su vida, era su protector y donde ella se sentía amada. Sus brazos la calmaban, su presencia era su seguridad, sus besos la hacían sentir querida y verlo reír era su alegría.

Noche sí y noche no, ella dormía junto a él, le hablaba de sueños que cumpliría a corto plazo, la pequeña escuchaba ensimismada, quería creer que todas aquellas palabras cobrarían vida y que algún día se harían realidad.

Que seguirían compartiendo momentos a lo largo de todo el camino que todavía les quedaba por recorrer. Pero había un final tan cruel que él desconocía, le quedaba poca vida para estar con los suyos.

La pequeña intentaba disimular, era sabedora del triste final que faltaba por llegar. Veía cómo la llama de su padre se iba apagando día tras día.

La niña hacía todo lo posible para que él intentara avivar el color y la intensidad de aquella luz que se iba desvaneciendo lentamente.

A veces la vida puede llegar a ser tan caprichosa y en esta partida rompió todas sus reglas. Solo dejó que estuvieran juntos diez años. Solo les dejó disfrutar una simple década.

Así que llegó ese día tan odiado para todos, esa visita tan inesperada que nadie quiere nombrar, esa palabra formada por seis letras, que viste de negro y a la que acompaña su inseparable guadaña. Se lo llevó, lo alejó de todos sin apenas poder despedirse.

Esa misma mañana, antes de su partida, la pequeña estaba tan alegre porque iba a pasar el día con unos familiares. Se acercó a él para despedirse como otro día cualquiera, sin pensar que esa quedada había sido intencionada.

Sabían que el trágico final estaba a punto de hacerse realidad. Él tenía su mirada fija en el cielo, como si alguien desde lo más alto lo llamara. Ella se acercó sonriendo a su cama, se agachó para darle aquel beso de despedida sin saber que sería la última vez que volvería a rozar aquella suave mejilla.

Fue una alegría bastante agría que la recordaría hasta el fin de sus días.

A través de aquel teléfono rojo les dieron la fatal noticia. Primero les avisaron de que se había puesto muy enfermo. Y en aquel mismo instante, en aquella habitación reinaron los llantos desconsolados, las lágrimas derramadas sin control y aquellos abrazos tan apretados que se podía sentir el latir del corazón.

Desde el auricular del aparato se pudo escuchar una voz rota de dolor que decía: «El papá ya descansa». Y a partir de ese momento la vida cambió, se rompió para todos.

Su padre ya descansaba de su dolor, de su cansancio, de su larga enfermedad. Había perdido la batalla por las que tantas guerras había ganado y luchado. Pero esa vez sus fuerzas ya no le quisieron acompañar más en ese duro trayecto. Le abandonaron, dándole esa tranquilidad que su cuerpo tanto anhelaba.

En cambio la historia de la pequeña no hacía más que empezar. La niña de sus ojos se había quedado perdida. Su corazón se había roto en mil pedazos y su mundo se había desmoronado.

Sus días se tiñeron de colores grises acompañados de tristeza. Lágrimas que eran la respuesta a todos esos recuerdos e imágenes que se iban amontonando, uno tras otro. Con el único propósito de mantenerlo con vida a su lado.

El único acercamiento que le quedaba era través de una pequeña foto, la llevaba consigo a todos lados.

Todas las mañanas cuando llegaba a clase, lo primero que sacaba era su valioso tesoro. Dejaba la imagen de su padre encima de la mesa. Se convirtió en su nuevo ritual y era la manera de estar junto a él aunque fuera a través de un trozo de papel.

Aunque su padre la abandonó, nunca desapareció del todo. Por las noches, mientras ella entraba por la puerta del mundo de los sueños, él ya la estaba esperando.

Era tan real, lo podía sentir tan cerca... La única diferencia era que ya no era aquel enfermo sentado en una silla de ruedas, se mantenía en pie sin ninguna ayuda.

Cada noche tenía la cita que tanto ansiaba, salía disparada corriendo hacia él para abrazarlo, no quería volver alejarse nunca más. Se aferraba a él como a un clavo ardiendo. Pero como bien hemos dicho, nunca dejo de ser un sueño y los sueños, sueños son.

Cada mañana al despertar ella estaba tan radiante por haber estado junto a él. Pero a medida que transcurrían las horas, aparecía su triste realidad y su vida se había convertido en esa pesadilla que siempre se quiere despertar.

Se habían cambiado los papeles, ahora ella quería despertar de su vida y no de sus sueños.

Y sin darse cuenta, una parte de ella se quedó en ese mundo. La niña alegre, valiente y segura que todos conocían decidió quedarse al lado de él. Era lo único que le hacía sentir viva. Y así sin más, se perdió, desapareció, se fue junto a él...

Así que la frágil y temerosa niña estaba tan perdida que no sabía qué tenía que hacer. Se sentía tan sumamente sola.

Solo deseaba sentirse querida, protegida y cuidada, como tiempo atrás. Pero su protector con su ausencia, le había arrebatado esa seguridad. La había dejado sin más, la había abandonado en este mundo de adultos.

Nuestra querida pequeña empezó a andar sola por el camino de la vida. A cada paso que daba se dio cuenta de que todo el cobijo y el consuelo que ella tanto esperaba y anhelaba de su progenitor, nunca más lo recibiría.

Lo único que sí que tenía claro era que no quería volver a revivir el significado de abandono, el que tanto daño le había causado. Parecía que la tenía tatuada a fuego lento en ese sensible corazón.

Así que empezó el camino hacia su propio acantilado. Sin embargo, ella pensaba que iba encaminada hacia un país de las maravillas. Andando por ese camino de baldosas amarillas, donde la única regla era no salirse de ese color tan vivo y tan llamativo. Tenía tanta imaginación que mezclaba todo tipo de cuentos.

Inconscientemente empezó a crear personajes para cubrir cada una de sus carencias. Hay que decir que cada uno de esos roles tenían un punto en común, que la quisieran, que la aceptarán, que no la rechazaran o volvieran a abandonarla. Vaya pensamientos más peligrosos. ¿Hasta qué punto se puede llegar o qué se puede hacer para ser aceptada?

Ella se dio cuenta de que cuanto más daba de ella, su tiempo, su vida, su voz, sus pensamientos, su todo; todos los de su alrededor más la querían y más la aceptaban.

Ese era su triste objetivo y a la vez su propia destrucción. Como bien hemos dicho, creó todo tipo de actores e iban apareciendo según qué situación o con quién.

Siempre protagonizaba el papel más importante de su vida, podía ser la princesa encantadora que ayudaba a todo el mundo, podía ser la niña desvalida, la triste víctima desdichada que todo lo malo le pasaba a ella, la amiga alegre que era el alma de las fiestas, la complaciente geisha que conseguía que todos estuvieran en perfecto estado, la salvadora, protegiendo a cada uno de sus seres queridos, la sumisa sin voz ni voto, no ponía límites, todo valía. La payasita del circo que lograba que todos se rieran con ella, todos tenían que estar contentos y felices. La buena niña a la que todo lo que salía por boca de los demás le parecía genial, no ponía ningún tipo de objeción. La generosa que lo daba todo a cambio de nada. Lo más parecido a un genio de la lámpara, intentar satisfacer los deseos de todos y cada uno de los que se encontraban dentro de su círculo de vida.

A lo largo de los años fue creando tantos personajes que no se había dado cuenta de que su propia identidad se había perdido entre tanta máscara.

Y como siempre, hay un momento en nuestras vidas en el que, sin esperarlo, llega ese maravilloso punto de inflexión. Hace que se rompa todo lo que habías formado a lo largo de tantísimos años y nada vuelva a ser como antes.

Y es aquí cuando nuestra niña-adulta o nuestra adulta-niña se da cuenta de que no sabe ni quién es, ni se siente identificada con ninguno de esos actores a los que ella había dado la vida.

Fue un proceso tan demoledor para ella… Tener que despojarse de tanto personaje que un día formó parte de ella y de su pasado. Tuvo que hacer una deconstrucción increíble porque cada una de esas mil caras que sin darse cuenta creó, era lo que la gente había conocido, aceptado, querido y amado de ella. Habían sido su reflejo, pero no de su alma. Todo este conjunto de caretas la habían acompañado a lo largo de su vida.

Fue su resurgir, de nuevo en ella volvió a habitar su esencia, su único y maravilloso yo, sin actores secundarios, ni disfraces, ni caretas, ni máscaras, ni nada que la opacaran.

Volvió a recuperar o a encontrar a esa niña valiente y alegre que un día se perdió en el mundo de los sueños.

Ya no sentía el miedo al rechazo o a un posible intento de abandono. Ya no. Ahora ella elegía en su vida. Y eligió querer ser protagonista.

Y tú qué quieres ser, ¿protagonista o personaje en tu vida?

Intenta no perderte de vista

Por un momento piensas que al sentir celos por esa persona a la que tanto amas, o mejor dicho, necesitas, le estás demostrando que es una prueba de amor y que tu vida sin él no tiene sentido. Que lo necesitas como el aire para respirar. Que él es tu todo.

Controlas cualquier mirada que pueda cruzar con otros ojos, que tú piensas y te imaginas que están deseosos por conquistarlo. Te hace poner en alerta y estar en guardia, siempre con lanza y escudo en mano, siempre preparada para batallar.

Estás continuamente en tensión. Te invade un miedo atroz al pensar que algún día pueda empezar esa jugada o ese intercambio de miradas intencionadas y que tú te quedes eliminada, anulada u olvidada. Lejos y fuera de su existencia, viendo todo este espectáculo desde el banquillo de tu soledad.

Tu tranquilidad sería tenerlo encerrado en una jaula dorada que solo estaría custodiada por ti. Qué gran locura. Tú tranquilidad a cambio de su soledad.

Bienvenida a tu vida donde solo reinan los incontrolados celos.

Tu vida no está en calma. Lo sientes y lo padeces. Vives en un sinvivir, pero te quieres seguir engañando, pensando que él se debería sentir súper orgulloso de recibir todo ese amor tan puro, leal, incondicional, limpio… Podríamos escribir una gran lista con un sinfín de adjetivos positivos si fuera un amor consciente.

Pero en esa cabecita incontrolada y gobernada por esos celos que se están convirtiendo en enfermizos solo existe el significado de obsesión o posesión. Alejando la verdadera definición de amar. Tratas de justificar lo injustificable. Quieres adornar lo que se está transformando en una situación muy peligrosa tanto para él como para ti.

La verdad es que se nos ha hecho creer que la palabra amor va de la mano de los celos.

Si tienes celos te ama o le amas, si está muy celoso te adora o le adoras. Si le coge un ataque de celos y se pelea por ti, tu mente te hace recordar aquellas historias de la época de antes, que los caballeros se debatían en duelo por conseguir y conquistar a la bella dama.

Qué amor más romántico nos enseñaban, pero como hemos dicho antes, qué gran locura. Tu amor a cambio de un cadáver.

Los celos no son buena compañía. No nos hacen la vida más fácil. Todo lo contrario, nos la complica y por ende hace que salpique a los de nuestro alrededor. Haciéndole una vida insoportable, controlando cada uno de sus gestos, movimientos, miradas...

Se les hace un exhaustivo interrogatorio, donde tú pones los cinco sentidos. La única regla que existe es que no puedes distraerte, tienes que observar cada una de sus muecas, por si le delatan.

Cualquier balbuceo puede ser significado de nervios, por intentar cubrir una mentira. Tienes que estar pendiente por si se equivoca o hay una contradicción en cada una de sus palabras. Sin darte cuenta te has convertido en una autoridad policial que dirige, conduce y ejecuta cualquier entrevista o interrogatorio. Qué mal es sentirse acusado sin haber cometido ningún delito.

Los celos son debilidades e inseguridades, que lo único que consiguen es hacer la vida imposible a la otra persona.

En vez de ayudar a allanarle el camino, hacemos todo lo contrario, que esté lleno de espinas y piedras para que vaya tropezando continuamente, cayendo y levantando. Una tras otra. Al final del camino, uno se cansa y puede ser que abandone.

Pero lo más preocupante de todo es que nuestros pensamientos se convierten en nuestro enemigo número uno. Nos están destruyendo lentamente y locamente. Sí, sí, locamente, se podría decir que nos hacen ver gigantes donde solo existen molinos de viento, como nuestro famoso y querido Don Quijote.

Nos imaginamos situaciones inexistentes que solo cobrarían vida en nuestros propios ojos y haríamos real una historia completamente irreal.

Así que mejor no asociar los celos al amor, ni a nivel personal ni a nivel de los demás. En nombre del amor se han llegado a arrebatar vidas (podían haber celos), se ha llegado a dañar, lastimar, maltratar, vejar, ningunear, menospreciar (también por celos). Así que mejor asociar los celos a un desamor o a un mal amor y no al amor como tantas veces hemos escuchado.

Podíamos decir que el antídoto para trabajar los celos es la autoestima. Es esa semillita que se encuentra a la altura de nuestro corazón.

Es pequeña pero no por ello deja de ser valiosa. Tiene un gran poder. Nos hace creer en nosotros. Nuestro empoderamiento. El arriesgar y luchar por nuestros sueños. Ser capaces de todo. Si fallamos volver a intentarlo. Poner límites. Ser valiente. Ser simplemente tú.

Pero esta semilla, como cualquier planta, hay que cuidarla y regarla a cada momento con cosas, acciones, situaciones que nos identifiquen, nos gusten, nos proporcionen bienestar, alegría, nos hagan sentirnos nosotros mismos. Cuanto más la reguemos más seguridad tendremos.

Y entonces desaparecerán las comparaciones dando paso a la aceptación personal de cada uno.

Desaparecerán la rigidez y la tensión de los músculos dando paso a la tranquilidad y relajación. Se esfumará esa continua alerta.

Recuperarás tu seguridad eliminando la necesidad de agarrarte a alguien a cualquier precio.

Volverás a sentir tu calma en el alma eliminando ese sinvivir constante e hiriente que te iba lastimando poco a poco.

Recobrarás tu poder de elección eliminando el querer complacer a cada momento

Rociemos sin parar esa florecilla que habita en nuestro interior y dejemos de coleccionar jaulas doradas.

Así que nunca dejes de ser la jardinera de tu vida.

No pierdas
la ternura
del alma

Ella fue un regalo un día 8 de noviembre, nació en el seno de una familia muy humilde. Su padre en busca de trabajo las tuvo que dejar solas durante unos meses. Ya no tenían esa figura paternal que pudiera protegerlas. Y de bien niña tuvo que cuidarse de sí misma, parece que la vida ya le iba dando señales.

Al tiempo se trasladaron junto a su progenitor. A otro pueblo, a una nueva y desconocida casa. Los vecinos desde sus hogares miraban atentos a través de esas andrajosas cortinas a los recién llegados.

Los chismorreos de las mujeres, los niños mirando a esa muñequita con su pelo moreno, con sus pequitas en la cara y esos pelos indomables que formaban ese gran remolino en ese corto flequillo. Fue un recibimiento bastante frío. Eran los nuevos forasteros del barrio.

Pasados los meses, aquella calle se había convertido en una gran familia, todos cuidaban de todos. Los niños jugaban y correteaban sin peligro en aquel callejón sin salida, se escuchaban aquellas risas inocentes, se reunían todos juntos para mirar la única televisión que había en esa calle.

Todos alrededor de esa caja tonta en blanco y negro. Se sentaban en círculo y se quedaban ensimismados, observando en silencio.

Era la calle de la alegría, aunque a veces se podía escuchar el reñir de la mujer a su marido al llegar a casa, con más vino en el cuerpo de lo normal. Los castigos a los niños que se iban de casa sin hacer sus quehaceres domésticos.

Se podían escuchar tantas conversaciones, quejas, risas, enfados, gritos, lloros, buenas noticias... Pero todas estas historias formaban parte de esta bonita y diferente familia. Ella siempre los recordó con cariño.

Al tiempo los vecinos dejaban sus casas para irse a una zona mejor. El pueblo estaba creciendo y con ello se construían nuevas casas. Así que la calle vieja, que era como en realidad se llamaba, se quedó como su propio nombre indicaba, vieja.

Aquel callejón, que un día estuvo lleno de vida, estaba siendo abandonado por cada uno de sus inquilinos. Nunca cayó en el olvido, porque todavía, al pasar, se amontonan los bonitos recuerdos que marcaron su infancia.

A sus quince primaveras se había convertido en una adolescente muy guapa, con su larga melena morena, sus achinados ojos, su bonita sonrisa con sus blancos y perfectos dientes. Su cuerpo había adquirido esas formas de mujer, se habían definido sus curvas. Se había convertido en una chica que llamaba la atención tanto por fuera como por dentro.

Sus padres trabajaban sin cesar, la relación familiar era muy correcta, se basaba en el respeto y la obediencia. Ellos desde que ella era bien jovencita repetían siempre el mismo mensaje. Se había convertido en un mantra en esa casa: «Quién se quede embarazada se va de casa».

Ella no le daba la menor importancia porque no entraba dentro de sus planes. Ella quería disfrutar de su vida, de sus amigas y ayudar en casa en todo lo que pudiera. Toda ayuda era buena.

Así que dejó los estudios y se puso a trabajar. Cuidaba niños en una guardería. Le gustaba ese ambiente familiar. Los cuidaba con tanta delicadeza, los mimaba, les hablaba con tanta dulzura. Era una gran señorita.

En sus tiempos libres quedaba con sus amigas, era un grupo muy reducido, eran tres pero muy bien avenidas. No le faltaban pretendientes pero ninguno era de su agrado.

Tenía amigos y conocidos con los que hablaba en plena calle o en la discoteca. Ellos intentaban conquistarla, en cambio ella no les prestaba ni la más mínima atención.

Hasta que un día en esas escaleras de la discoteca escuchó: «Qué china más guapa»; a lo que sin pensar ella respondió: «Qué chulo más guapo». Y en ese preciso instante su destino ya estaba escrito.

Nunca lo había visto, era del pueblo de al lado. Venía de una familia de negocios. Tenía tres años más que ella. Era alto, guapo, apuesto, su forma de vestir era elegante. Parecía que tenía todo lo que ella deseaba. Llamó su atención y desde ese día sus caminos, para bien o para mal, se entrelazaron.

Él sacó toda su artillería para conquistar a esa chinita que tanto le había gustado y llamado su atención. Empezaron a quedar, a verse más. Cada día que pasaba se necesitaban más el uno al otro. Se estaban enamorando. Viviendo esa esplendorosa etapa.

Todo tan bonito y feliz. Él la colmaba de cariño y ella caía rendida a sus pies. Todo era tan perfecto e idílico para esta pareja de jóvenes. Solo querían disfrutar de ese amor que habían descubierto.

Llegó ese día, que ella no sabía por dónde empezar, qué hacer, ni qué decir, solo lloraba. Por las noches, sus lágrimas quedaban ahogadas en esa almohada, que era con la única que compartía su secreto.

En su cabeza solo habitaba el famoso mantra. «¿Y ahora qué?», se decía. Con dieciséis años qué iba a ser de su vida.

Sus padres cumplieron su palabra, no opusieron ninguna resistencia a que ella se casara, se fuera de casa. Sin apenas conocerlo y, lo más triste de todo, se fue siendo todavía una niña. Una niña que había jugado a ser adulta y había ganado.

Sus padres fueron sus propios jueces que dictaron sentencia. Sentenciando su vida.

Habló con él y, sin pensarlo, asumió su responsabilidad, no la iba a dejar sola. En un arranque de valentía le propuso matrimonio, se convertirían en marido y mujer. Le darían el mejor futuro a ese fruto que se engendró supuestamente por amor.

Él lo puso muy fácil ante esta nueva y disparatada situación. No dudó ni un momento que ella iba a ser su esposa. En cambio, su familia, puso todas las trabas habidas y por haber. Estaban tan desesperados que no querían que él tirara su juventud por la borda.

Así que su madre y futura suegra ideó un plan bastante oscuro. Parecía la reencarnación de esas villanas o tiranas que protagonizan cualquier serie de televisión o película.

Es el típico personaje que intenta por delante agradar a todo el mundo y por detrás traicionarte. Sin miramientos. Clavándote sutilmente un cuchillo por la espalda sin apenas darte cuenta. Así era la madre de su prometido.

Puso en marcha su malvado plan. Chantajear a un conocido de ella para que dijera que el bebé que esperaba era suyo y no de su amado hijo. Así él se iría de rositas y no condenaría su flamante futuro.

El premio que se le iba a otorgar al nuevo desconocido en admitir esa gran mentira era una moto, mucho dinero y que no poseyera ningún tipo de conciencia, ni escrúpulos en aceptar esta estrategia tan ruin.

Se podía decir que esta mujer era la serpiente del paraíso. Intentando que todo el mundo comiera el fruto prohibido. Y así renunciar al bonito paraíso, a la eterna felicidad. Y habitar en un mundo de traiciones, que era lo que ella conocía.

Pero en la vida existe gente buena y con valores. Y no sucumbió a esas terribles tentaciones. Además avisó a nuestra protagonista de lo que se estaba trajinando por detrás y en su contra.

Ella, por su corta edad, todavía no conocía la maldad humana. No pudo, ni supo reaccionar ante tanta crueldad. Poco a poco iba asimilando, sin entender, lo que le estaba ocurriendo en esa nueva etapa que le estaba esperando.

Una niña perdida en un mundo de mayores.

Un embarazo no deseado.

Un abandono por parte de sus padres en manos de un joven desconocido.

Una malvada mujer intentando arruinar su existencia a base de mentiras.

Una inmensa soledad en su vida.

Un sentimiento de vergüenza. Lo único que deseaba era tener una capa mágica y que la volviera invisible ante la atenta mirada crítica de la sociedad.

Un aislamiento emocional.

Un alejamiento de sus seres queridos, sentía que la estaban castigando por sus acciones.

La culpa reinó en su futuro más cercano y durante largo tiempo.

Una total despreocupación por ella. Nadie le preguntaba «¿Cómo estás? ¿Cómo te encuentras?».

Y lo peor de todo. Nunca pidieron su opinión sobre lo que verdaderamente quería y sentía.

Llegó ese día que con tristeza dijo el sí quiero. Siempre hemos creído que una boda es símbolo de alegría. Que vas a empezar a compartir tu vida con esa persona que tú has elegido. Rodeados de todos los familiares y amigos, que quieres que te acompañen en ese día tan especial.

Proclamas con ilusión la fecha de vuestra unión. Quieres que todo el mundo sea sabedor de ese momento tan idílico. Ese día te sientes tan única. Te has convertido en una princesa de cuento, vestida de blanco. Ultimando cada detalle de esa ceremonia como buena protagonista que eres de tu día.

Sin embargo, su boda no tenía nada que ver con todo lo mencionado anteriormente. Ni mucho menos como ella la hubiera imaginado.

La vistieron de largo. Un vestido muy sencillo, muy triste, de un color violeta apagado. Ella nunca hubiera elegido esa prenda de vestir, ni para ese día, ni para ningún otro momento. No iba con ella.

Su melena larga suelta. En un lado de su pelo, le acompañaba una flor en forma de decoración. Al menos querían darle un pequeño toque diferente.

La iglesia, eligieron la ermita más lejana. Arriba en una montaña. Así nadie podría desplazarse con facilidad. Solo los más allegados. Todos pensaban lo mismo, pero nadie le dio la simple opción de elegir. Todos eligieron todo, incluso su vida.

A partir del día de su enlace, la tristeza vivía con ella. A medida que crecía su barriga, iba creciendo el arrepentimiento de haber aceptado a su marido y su alocada idea de formar una bonita familia.

Casi todas las noches el joven guapo, apuesto y marchoso salía para divertirse, para beber y buscar nuevas conquistas, darles una vuelta en su potente coche y enseñarles el famoso «cerro» de su bonito pueblo.

En cambio a ella la dejaba, y esta se quedaba en casa llorando, sin entender nada. Para ella todas esas acciones no significaban amor. Pero ella no sabía que todo esto no había hecho más que empezar.

Cada noche, cuando él se marchaba después de cenar sin dar explicaciones, sin despedidas, sin besos, sin un ápice de cariño, la hacía sentir tan poca cosa y cada vez creía que era menos merecedora de nada.

Ella, asolada, salía a la terraza, se sentaba mirando las estrellas a la vez que sus lágrimas recorrían sus mejillas. La pena y la impotencia la visitaban cada noche. Ella deseaba con toda su alma recuperar su antigua vida.

Quería volver a casa de su madre, que la arropara entre sus brazos. Que le dijera «Estás a salvo, no te preocupes. Saldremos de esta todos juntos». Pero todas estas palabras solo estaban en su imaginación y en esa fantasía que había creado para poder evadirse de la realidad. Porque realmente por la boca de su querida mamá solo pudo escuchar un «aguanta».

Esa palabra la fue matando en vida. ¿Su propia madre no veía su calvario? Su progenitora en realidad sabía toda la verdad. Los ojos de su hija le pedían ayuda. Le pedían auxilio. Que la alejara de aquel hombre receloso que no la dejaba salir de casa. Solo cuando él quería. Y el único destino que tenía era casa de su madre.

Un hombre que cuando iban en coche, durante todo el trayecto la hacía mirar hacia abajo, que mirara la alfombrilla del coche. Que mirara sus pies y así no podría cruzar la mirada con nadie.

Un hombre que no la dejaba dar su opinión, que no la dejaba tener ni voz ni voto.

Un hombre que la trataba mal, mejor dicho, un hombre que la maltrataba. Con todo su amplio significado. Recibía maltrato tanto verbal, psicológico como físicamente. Y hay que recalcar que en más de una ocasión.

Su corazón se iba congelando. Ya no desprendía aquella calidez y ternura de antaño. Se iba convirtiendo en una mujer fría, dura y fuerte. Se encontraba sola en el mundo y no iba a dar pena a nadie. Se acabaron las lágrimas dando paso a esa armadura hermética, que nadie podía atravesarla, ni tan siquiera ella misma.

Con el paso del tiempo la situación fue empeorando. Tenían ya dos niños pequeños. Quería alejarse, quería irse, dejarlo todo. Lo único que le acompañaría serían sus dos retoños. Que era lo más bonito que tenía en su vida.

Necesitaba irse del lado de ese hombre que le estaba dando tanta mala vida. Reunió todas sus fuerzas y, cuando estuvo a punto de dar el paso y hacer lo que tanto había deseado, él cayó enfermo. De nuevo sus planes se truncaron.

Empezaron a hacerle todo tipo de pruebas, fuertes tratamientos, efectos secundarios, largas estancias en el hospital. Ella dormía en un incómodo butacón, sin conciliar el sueño, sin poder soñar, ya que era su única vía de escape.

Se tuvieron que alejar de sus pequeños, dejándolos en casa de familiares. Por las noches ella les llamaba por teléfono, hablaba con esas criaturas que solo querían saber cuándo volvían a casa y estar juntos otra vez.

Ella estaba tan rota de dolor por esa indefinida distancia y estancia. A todo esto había que sumarle todo lo que tenía que ver y oír en ese terrible pasillo de oncología.

La vida la había vuelto a sorprender. Otra dura prueba para nuestra querida muchachita. Otro camino por recorrer y de nuevo tendría que sortear los baches y piedras que abundaban en esa nueva etapa de su vida.

Una niña tan jovencita tenía que lidiar con pacientes terminales, acompañantes destrozados que intentaban disimular la gravedad de la situación ante ellos. Que querían restar importancia a esa enfermedad que padecían.

Escuchar gritos de dolor que provenían de aquellas tristes habitaciones. Paseos de personas moribundas que iban arrastrando aquel gotero que les suministraba la medicación y calmaba aquel dolor tan insoportable.

Esas mentiras piadosas que estaban en boca de los seres queridos, que se podía escuchar que les decían ese famoso «te pondrás bien» sabiendo con certeza en qué desembocaría su triste final. Muertes tan inesperadas como esperadas. Ese era el día a día de la vida en un hospital.

Cada momento que pasaba allí veía muy de cerca la muerte. Muchas veces tenía que salir, alejarse de esa clínica. Sentarse en un banco, respirar aire limpio e intentar asimilar todo lo que estaba ocurriendo a su alrededor mientras lloraba.

Al cabo de los meses volvieron con el diagnostico en la mano. Él estaría el resto de su vida apoltronado en una silla de ruedas. Nunca más volvería a andar solo. Siempre necesitaría la ayuda de alguien. Su independencia se esfumó, convirtiéndose en una persona totalmente dependiente. De nuevo otro varapalo aparecía en su existencia. Ser su punto de apoyo.

Los efectos de la medicación hicieron mella en ese esbelto cuerpo que tanto había lucido. Dejó de ser aquel apuesto joven. Nada de él quedó en ese enfermo cuerpo.

Qué duro ver cómo se iba apagando. Que su voz ya no sonara más de la misma manera, que sus piernas ya no le hacían caso a sus deseos de andar. Que nunca jamás podría corretear detrás de esos pequeños niños que lo único que querían era jugar. Simplemente se volvió un espectador de la vida, sin apenas poder participar.

A nuestra protagonista de esta triste historia se le iba complicando todo por momentos. Ahora se convertiría en la enfermera a domicilio las 24 horas del día de esa persona que tanto daño le había causado.

No lo podía abandonar. Ella prometió ante un altar cuidarlo en la salud y en la enfermedad, en la riqueza y en la pobreza. Lo cumplió. Cuidó de él hasta el fin de sus días.

Él la quería pero nunca se lo demostró, ni se lo agradeció. Todo lo contrario, le imponía, le mandaba y le hacía sentir que sin él, ella no era nada. No cambió su patrón y seguía lanzándole palabras hirientes causándole siempre el mismo dolor. Ella no se merecía ese trato. Dejó de vivir su vida para dedicarla en cuerpo y alma a él.

Llegó ese día en que él partió de su lado. Voló lejos de ella. La dejó libre con sus dos niños. Ahora estaría pendiente al cien por cien de ellos. Siempre pendiente de los de su alrededor. ¿Y de ella? ¿Quién la cuidaba? ¿Quién miraba por ella? ¿Quién la ayudaba a sanar esas heridas?

Toda esta situación hizo desaparecer a la enternecedora niña. Su corazón se convirtió en un témpano de hielo. Ni sentía, ni padecía. Ahora ya nadie volvería a hacerle daño, nadie tendría ese poder. Los golpes de la vida habían dado paso a una mujer fuerte y con seguridad, sin debilidades. Eso es lo que quería aparentar, y lo hizo durante muchos años.

Con el paso del tiempo volvió a conocer el amor. Su corazón solo se derritió un poquito. Volvió a ser madre de dos pequeños más. Pero ella nunca volvió a ser aquella niña tierna y dulce.

Nunca abandonó su armadura y su misión, que era cuidar de todos. Seguía haciendo lo único que conocía, estar al pie del cañón por y para todos.

Ella intentó creer que con su gran fortaleza, como bien había demostrado, todo su pasado estaba curado y olvidado. Pero no fue así.

Cuando su mente se relajó, centrándose solamente en ella y sin tener ninguna obligación, ya que todos habían crecido y andaban solos por su propio camino, su pasado afloró, llamando a su puerta del presente. Quedando todas y cada una de sus heridas al descubierto.

Se puede decir que la vida le había regalado ese momento, aunque fuera muy doloroso y casi le cuesta una gran depresión. Sinceramente fue un gran regalo para ella. Debía y tenía que revivir cada momento desde niña para poder sanar y vivir en paz con su alma.

Sin rabia hacia sus padres por haberla obligado a casarse o no haberla ayudado antes. Ni enfados hacia ese hombre al que ella había regalado su vida y él la había tratado tan mal o culparse ella misma por no haber puesto sus límites.

Ni pensamientos autodestructivos, pensar que su vida en este mundo había llegado a su fin. Vivir sin dolores. Dicen que lo que no expresas, somatiza. Y es lo que exactamente le ocurrió a ella. Su vida se llenó de dolores.

Cayó en lo más profundo de su ser. Y como todo buen proceso, fue muy duro y muy pesado. Tuvo que ir recordando cada herida. Sentir de nuevo aquel escozor, aquel resquemor. Su corazón volvía a estar expuesto a tanto dolor. Sentía que estaba en carne viva, que el paso del tiempo no curó ni cicatrizó aquellas profundas heridas.

Lágrimas, tristeza, silencio, pena, soledad, letras que eran el resultado para liberarse de todo lo que le invadía por esa mente, corazón y cuerpo.

Por primera vez fue coherente con ella misma. Por primera vez demostró, sin ningún tapujo, su vulnerabilidad. Mostró y enseñó su dolor sin esconderse, ni ocultarlo.

Poco a poco, empezó a dedicarse su valioso tiempo, a conocerse por primera vez y aprender a vivir su propia historia.

Ella lo consiguió.

Consiguió amarse de nuevo. Y poco a poco su corazón se fue derritiendo por completo. Volviendo a recuperar aquella calidez de la bella niña que un día se congeló.

Así que no dejes que tu corazón se hiele y busca lo que encienda tu alma.

A veces
fingimos
sonrisas
para evitar
preguntas

¿Y a ti qué te gusta? Esta simple y sencilla pregunta parece que tenga una fácil y rápida respuesta. Pero si nos paramos a pensar, nos cuesta saber y enumerar qué nos agrada.

Esta frase, a la que acompañan dos signos de interrogación y está perfectamente formulada, nos puede llegar a hacer tanto daño o simplemente descomponernos por dentro.

De pequeños, ante esta pregunta, nuestra inocencia y sinceridad responde de inmediato, jugar con muñecas o coches, bailar, comer, pintar, cantar, un sinfín de acciones que te hacen vibrar de felicidad.

En un momento ya se tiene una larga lista llena de alegría, armonía e imaginación que desatan esa creatividad que te hace sentir tan especial.

En la niñez no hay tiempo marcado y se disfruta de la vida. Evidentemente que nos marcan unos límites, pero siempre se protege nuestra felicidad, haciendo solamente lo que nos gusta.

Vamos creciendo y con ello nuestras responsabilidades que nos han y hemos puesto. Parece que seamos seres mecanizados, una especie de robots. No hay tiempo para pensar.

Todo nuestro tiempo va marcado a toque de silbato. Sin poder salir de ese plan tan estipulado que hemos y nos han implantado. Hay que cumplirlo de manera estricta, a rajatabla. Sin salirse de los tiempos pautados casa, familia, trabajos, economía y un largo etc…

Hay tantas cosas y personas de las que hay que estar pendiente, pero en esas cosas y personas falta la más importante e indispensable. La dueña o el dueño de nuestra vida, que somos nosotros, junto con la compañía de nuestros buenos momentos.

Hemos invertido nuestro tiempo en todo lo que nos rodea. Gente, situaciones, cosas materiales, cosas innecesarias y otra vez ese largo etc…

Cada uno de estos compromisos, obligaciones, responsabilidades, cometidos, tareas, cargas, asignaciones, deberes; han ido tapando y cubriendo nuestras ilusiones y esos sueños incumplidos, olvidándonos de nuestros anhelos. De todo aquello que con la mirada de la niñez lo hacíamos posible y real.

Nos hemos ido olvidando de lo que meramente es importante, es decir, todo aquello que nos gusta y nos hace sentir la vida.

Y, sin esperarlo, llega ese día que sin alegría, te paras a pensar. A veces el pensar puede ser tan doloroso porque te hace ver una realidad que no conocías o no eras consciente de tu propia historia.

Ves que tu tiempo ya no te pertenece, que ni siquiera te dedicas un miserable segundo de tu vida en dedicártelo para ti.

¡Qué triste! Que con tanta obligación te hayas perdido en ese camino. Vas andando a un ritmo que te han dictado y los has asumido sin rechistar.

Vas llenando esa mochila que cargas a tu espalda, la mayoría de ese peso no te corresponde. Son lastres que cada vez se hacen más pesados de llevar.

Te deconstruyes para construir unos cimientos fuertes por dentro y empiezas a cuestionarte tu existencia. ¿Eres feliz con lo que haces? ¿Te sientes plena? ¿Eliges tu vida? ¿Estás con gente que te hace feliz? ¿Tu trabajo te llena? ¿Era la vida que soñabas? ¿Puedes mejorar algunos aspectos?

Buscas contestar y responder a cada una de estas preguntas que van apareciendo en tu valiosa cabecita. Te cuestionas tu vida y con ello te cuestionas a ti.

Sientes que ha llegado el momento que tienes y debes ser fiel contigo mism@. Empiezas a descubrir y redescubrir aspectos que no conocías o estaban adormilados.

Pruebas a tener nuevas vivencias. Seguramente que en algún momento de tu pasado te llamaban la atención, pero por algún motivo lo habías dejado de lado o simplemente olvidado

Y ahora, en tu nueva yo, habita ese lema que ya forma parte de ti «ensayo-error». Saber qué sí y saber qué no. Empiezas a conocerte a ti y a dedicarte ese valioso tiempo que tanto te mereces. Empiezas a priorizarte. Empiezas a elegir por ti. Empiezas a elegir tu vida.

De nuevo vuelves a ser tan rápida como esa inocencia del principio. Haces aquella valiosa lista sin apenas pensar. Detallas todo lo que te hace vibrar, brillar, resplandecer. Detallas lo que simplemente te hace ser tú.

Puede ser que tardes más o menos en ser consciente de elegir. Pero si todavía estás en ese trayecto antes mencionado, te voy a hacer una simple pregunta:

¿Y a ti qué te gusta?

No hay
rosas sin
espinas

Todo empieza con un simple «me gusta» en alguna de tus publicaciones. Tienes diferentes redes sociales que, sinceramente, no sabes mucho cómo funcionan.

Al principio las tienes abiertas, así que todo el público puede acceder a tu información.

Ver las pocas imágenes que has compartido, hacer un clic en las diferentes reacciones que dan a elegir o incluso pueden llegar hasta a opinar. Dejarte un mensaje ante la atenta mirada de todos tus amigos y no amigos que has ido y te han ido aceptando y están en tu gran lista. Como eres inocente en este tema, no ves nada ni a nadie peligroso.

Así que el «me gusta» va acompañado de un mensaje privado, recibes un chat y cuando lo abres aparece una rosa. El emoticono más romántico de todos los tiempos.

No le das ni la más mínima importancia, así que cierras la aplicación al mismo tiempo que desparecen todos esos pensamientos de intriga. No pierdes tu valioso tiempo en alguien que no conoces de nada.

Pero el insistente desconocido va enviándote cada día una rosa, no se cansa, es muy persistente. Y sin querer va despertando en ti un interés hacía él.

Así que buscas cualquier tipo de información o imagen que te pueda decir algo sobre él, sus aficiones, sus amigos, su familia.

Pero no hay que olvidar que toda esa información que reflejan las redes no es del todo real. Solo muestran lo que quieren que sepas. Todo es perfecto y nadie imperfecto.

Así que a la siguiente flor, tú ya le has contestado con otro emoticono, el de la sonrisa.

Sin querer ya estás sucumbiendo a sus deseos. Has abierto ya esa puerta, te hace preguntas sin cesar, una tras otra, quiere saber todo, absolutamente todo sobre ti. Hasta el más mínimo detalle.

Muestra un interés tan obsesivo y repentino hacía tu persona que al principio te cuesta creer que sea del todo real. Te muestras un poco reticente ante esa manera tan agresiva de conocerte, pero en cierta manera te sientes adulada y halagada.

Nunca habías encontrado o conocido a una persona con esas cualidades. Digo cualidades, porque ese bombardeo amoroso, esas palabras en forma de flecha, como si el mismísimo Cupido desde lo más alto, subido en su nube, las estuviera lanzando sin parar. Teniendo como consecuencia el derrumbe inmediato de esas murallas que protegían tu pequeño gran corazón.

Siempre has intentado que sufriera lo menos posible, pero está vez se ha quedado totalmente enamorado y desprotegido ante unas simples palabras, el gran poder de la palabra de un fantasma en forma de caballero.

Piensas que ese don Juan anónimo nunca le haría el menor daño a ese amor que tú crees que acaba de nacer. A ese amor tan puro y limpio que lo proclama a los cuatro vientos.

Dedicándote estrofas de canciones inventadas por él, prometiéndote amor eterno, poniendo en sus redes símbolos en ese idioma que solo vosotros dos conocéis.

En pocos días y con tanta intensidad te hace creer que eres su alma gemela, su media mitad, que juntos sois solo uno. Te dice que eres la mujer de su vida, el aire que necesita. Qué nunca jamás había conocido a nadie como tú y quiere saber dónde habías estado escondida durante todo este tiempo.

Te habla de destino, te hace creer que estabais predestinados y que la vida ha sido tan generosa por haber entrelazado vuestros caminos. Y entonces la leyenda del hilo rojo cobra sentido y se hace realidad en tu pensamiento.

Ha captado toda tu atención, vives por y para él, esperas con ansia esa flor, esa es la señal que te indica que está solo para ti. Que es solo tuyo, que es vuestro momento.

Esperas con impaciencia que te deleite con esas palabras que han hecho que te enamores de una falsa realidad.

Tu estado de ánimo ya solo depende de una conexión en una red social. A esa persona que crees y piensas que es el amor de tu vida, solo lo conoces por unas fotos que te ha hecho llegar.

Tu imaginación empieza a creer que vuestro romance es como los años de antes, en los tiempos de guerra. Los amados lo hacían a través de una hoja de papel que llegaba en forma de carta. Así mantenían viva su llama del amor, a través de la escritura. Qué romántico todo lo que envuelve a este ser desconocido.

Es todo tan ideal, nunca habías sentido algo tan especial, tan bonito. Te recuerda a esas películas de amor romántico donde siempre triunfa el amor.

Una historia para ser contada. Te sientes tan alegre, subida en una nube al lado de nuestro famoso lanzador de flechas. Te sientes tan agradecida a la vida por haber puesto en tu camino a ese Dios de ébano. Es tan perfecto para ti.

Nuestro encantador ya te ha hecho creer y sentir como él quería. A su entera disposición.

Así que empieza a quitarte atención, como si fuera un castigo. Hace que te cuestiones cada movimiento que haces. Mejor dicho, hace que mires una y otra vez todas las letras que has escrito, si has colocado una en mala posición que le haya podido ofender. No entiendes nada. ¿Qué ha podido ocurrir? Todo ese amor que prodigaba sientes que se va desvaneciendo. Te invade ese temor a que desaparezca como si nada, como si nadie, como si nunca…

Llevas días sin saber de él, te sientes desconcertada, triste, culpable. Revisas una y otra vez que todo funcione bien, que la conexión esté en perfecto estado, sin ninguna anomalía.

Piensas que por casualidad ha escrito y ha habido algún problema en la red. O te preguntas si le ha pasado algo. Es la única manera de relacionarte que tienes con él. Le escribes y no recibes nada, ninguna respuesta a cada una de tus preguntas.

El enfado que te invade se va convirtiendo en angustia, en una auténtica agonía. Sientes un gran desespero. Cómo ha cambiado la situación de ser todo de color de rosa a convertirse en blanco y negro. Qué gran poder se le ha otorgado. Toda tu vida depende de él.

Y el día menos pensado, en tu chat vuelves a recibir la rosa más esperada. Un triste mensaje te hace recobrar toda esa ilusión que habías perdido en estos días atrás.

Ha vuelto a aparecer el ansiado amor de tu vida. Como si nada hubiera ocurrido, todo vuelve a brillar como aquellos días que te hacía sentir la persona más especial. Esa época dorada que tanto deseabas ha vuelto.

Ese mismo día todo vuelve a ser como el principio. Largas conversaciones, todo se pinta de color rojo representando el amor que os profesáis. Vuelven los juramentos, el andar juntos por el camino que os queda por recorrer. Vuelve todo en estado puro y por parte de él, aún todo más intenso que antes.

Para no romper esa magia que piensas que hay entre vosotros, te quedas callada, sin preguntas, ni reproches. Sin darte cuenta de que, con tu silencio, has aceptado su cruel comportamiento.

De vuelta tus emociones están disparadas. Él está mucho más pendiente de ti y vuelve a formar parte de cada segundo de tu día a día. De nuevo has vuelto a resurgir y a estar en lo más alto de la cumbre.

Su amor es tu vida, sus palabras son tu respiración. Lo necesitas a cada momento, generando una dependencia o una gran adicción sobre él. Sus embaucadoras palabras hacen que te ates más a esa inestable forma de amar.

Y sin más y sin previo aviso vuelve a desaparecer, sin dar ningún tipo de explicación. Lo ha vuelto a hacer. Se esfumó.

Como habíamos dicho, te había colocado en lo más alto de la montaña, te había coronado. Sin importarle que tu caída sería mucho más dura y más dolorosa que la anterior.

No estaba en tus planes volver a repetir de nuevo aquella sensación de abandono. Está vez no. Pensabas que todo lo bello que salía por su boca se haría realidad.

Todas esas promesas que hablaban de viajes, de convivencia, de hijos, de un futuro cercano juntos. Era todo tan real en tu cabecita, en cambio en la suya todo era una gran patraña.

Tú ya formas parte de su colección de muñecas rotas, una más para jugar y otra más para romper y tirar. Este es el juego de nuestro encantador de serpientes. Sus palabras han sido música para ese órgano vital que no deja de latir ni de amar.

Como si fuera un experto encantador, haciendo sonar ese instrumento llamado pungi, su forma es muy similar a una flauta. Hipnotizando a sus víctimas, haciéndoles bailar al son de cada nota, que juntas forman esa perfecta melodía para caer rendida a esos irresistibles y peligrosos encantos.

Te engatusa a un nivel desorbitado, quedas totalmente paralizada ante esa pasión descomunal. Como si estuvieras atrapada en una tela de araña, esperando a que haga todo lo que le plazca y se le antoje en cada momento.

Así que, de nuevo rota, te das cuenta de que ese personaje ya no tiene cabida en tu vida. No se merece formar parte de algo tan bonito como tú. Te ha destrozado moral e interiormente.

Todas esas lágrimas derramadas por el dolor y ese sinvivir de sufrimiento que has sentido, ha sido tu penitencia por haberte enamorado y enganchado a cuatro bonitas y frías palabras que provenían de un alma completamente congelada, vacía y sin saber amar.

Te había pisoteado en la distancia un ente, únicamente utilizando su podrida seducción

Toda esta situación te ha hecho recordar aquello que decías y parece que había quedado en el olvido: «No me quieras tanto y quiéreme bien». Así que coges y recoges toda esa fuerza que estaba esparcida y te alejas de ese individuo sin alma.

No quieres saber nada procedente de ese músico embaucador, que tan ni siquiera conoces. Ya has dejado de idealizar lo que nunca ha existido, simplemente han sido imaginaciones, nada real. Toda una simple fantasía, llena de mentiras.

Decides y pones en práctica que nadie puede ni debe tener ese poder para ensañarse y perturbar tu calma en el alma.

De nuevo vuelves a creer en tu *muchosidad* e intentas no volver a perderla de vista nunca más.

Y el día menos pensado, esa odiada flor envenenada quiere volver a entrar en tu vida…

Así que tú decides, si coges de nuevo esa rosa con sus punzantes espinas.

Una cita con la vida

Tenían una complicidad extrema, todos lo veían normal, siendo gemelas. Siempre iban juntas y hacían las típicas travesuras de quién era quién, como la famosa película tú a Boston y yo a California, cambiando la identidad desde bien pequeñas.

Por ello, al entrar en la etapa adolescente, ese juego ya lo tenían por mano, así que no les costaba mucho el cambio de papeles. Lo que las diferenciaba era que una era la locura personificada y la otra era la persona más cuerda del planeta. Así que juntas eran el tándem perfecto, el equilibrio puro.

Un jueves la disciplinada hermana tenía que recoger unos análisis rutinarios, así que le pidió a su alocada gemela que se hiciera pasar por ella. Que fuera a buscarlos porque tenía que acabar la deliciosa tarta que estaba preparando. Ya que por la noche celebrarían el aniversario de su progenitora.

Así que la divertida hermana accedió sin más, simplemente debía recogerlos e irse, ¿qué le podía ocupar treinta minutos de su vida? Lo que no pudo imaginar es que, tras la llegada a la consulta del médico, esos treinta minutos se convertirían en interminables, dándole la peor noticia de su vida.

Estaba enferma, muy enferma. Se quedó paralizada al escuchar la palabra cáncer porque enseguida lo relacionó con muerte. Por ello, ya no pudo prestar más atención a nada ni a nadie.

Salió lo más rápido posible para respirar aire fresco. Por su cabeza solo habitaban dos palabras, cáncer y muerte, acompañadas de una imagen de su bella parienta.

Desesperada, no sabía qué tenía que hacer en ese momento. Pensaba que, siendo el cumpleaños de su madre, no podía darle el peor regalo del mundo ni a ella ni a su querida hermana. No sabía ni cómo ni cuándo, pero esa noche no.

Durante la cena intentó olvidar lo inolvidable, disimulando, simulando que todo estaba genial, fingiendo la risa más triste que jamás había experimentado.

Se pasó la noche llorando, pensando cómo podía hacerle la vida más feliz a su estricta hermana. Quería darle una chispa de locura y aventuras antes de adentrarse en ese camino tan duro que le esperaba por recorrer.

Recordó que, de niñas, siempre jugaban a retos, así que ideó, del mismo modo, su plan. No perdió ni un segundo de sus valiosas vidas.

Y a la mañana siguiente salió corriendo en busca de su enferma hermana y le entregó un sobre que ponía: «¿Te atreves a jugar?». Sabía que si la retaba su hermana aceptaría sin más, sin pensar. Y no se equivocó.

Aceptó jugar. Se escuchó, de repente, una pregunta que corroborara esa decisión anteriormente tomada. Un: «¿Segura?». La respuesta fue un «sí» firme y rotundo. Así que empezó el juego. Abrió el sobre y una vez hecho esto ya no había marcha atrás. Sacó una hoja de color blanco que decía:

INSTRUCCIONES DEL JUEGO
Cada día de la semana se te entregará un sobre.
En el sobre habrá unas directrices que hay que cumplir.
Deberás cumplirlas antes de acabar el día.
El monosílabo «NO» no existe en tu vocabulario.
Así que suerte y que empiece el juego, querida hermanita.

Al acabar de leer el folio se quedó expectante a ver con qué le sorprendería la persona que tenía en frente, que la miraba con una divertida sonrisa. Solo le dijo: «Ya has recibido tu primer sobre».

Ella le preguntó si esas ganas de jugar tenían que ver con la visita a su querido doctor. Si todo había ido bien. Sin titubear le respondió que todo estaba en orden y que hacía tiempo que no jugaban a sorprenderse y le apetecía hacerlo. «Así qué prepárate hermanita, esto no ha hecho más que empezar».

Intentó que su barbilla no temblara, ni que su boca dibujara una sonrisa inversa. Tragó saliva a la vez que sus ojos absorbían esas lágrimas que estaban a punto de derramarse. «Ahora no, no es el momento», se decía una y otra vez hasta que volvió a recuperar el control de la situación.

Tirada en su cama intentando disuadir esos pensamientos que la atormentaban cuando llevaban el nombre de su hermana como paciente.

Los intentaba sustituir por imágenes de ella sonriendo, con aquella risa que la hacía especial y que era tan contagiosa. Al final siempre acababan riendo todos los de su alrededor. Tenía ese bonito don.

Así, qué mejor manera que devolverle aquellos momentos de risa que regalaba por momentos que iban a ser inolvidables para ella.

Tenía claro que le daría cinco sobres, cada sobre subiría de intensidad, solo se pondría día, hora de recogida y tipo de ropa. Lo demás lo iría descubriendo con sus propios ojos, no había que darle más detalles.

Lunes a las 8 de la mañana se dirigió hacia la habitación de su gemela. Se paró enfrente y tiró por debajo de su puerta un sobre donde ponía: «Para mi queridísima hermana».

La receptora, adormilada, se agachó, cogió el sobre y leyó en voz alta:

Día: Lunes

Lugar: Portal de casa.

Hora de recogida: 20:30

Tipo de ropa: informal (tejanos, camiseta, deportivas…)

PD. Sé puntual.

Eran las 20:30 y ya estaba preparada, esperando a que la pasaran a recoger.

Escuchó unos cascos de caballo, pero no prestó demasiada atención, su mirada estaba ocupada revisando el móvil por si su hermana le había enviado alguna señal distinta a lo acordado.

Cuando una voz desde la carretera le dijo: «Señorita, señorita, suba, la están esperando». Quedándose boquiabierta, mirando sin poder pestañear, se subió al carro tirado por unos magníficos corceles. Desde bien pequeña le habían fascinado esos animales tan elegantes, le maravillaban.

No podía dejar de sonreír hasta que llegó al sitio que le dijo el caballero: «Puede bajar, ya ha llegado a su destino, señorita».

No se lo podía creer. En ese momento pensaba que el conductor que guiaba a los caballos se había equivocado de sitio. Cómo la había podido llevar a ese antro de mala muerte.

Cuando de pronto la vio allí sentada, en una mesa dentro de ese local grasiento y sucio. Sin pensarlo se fue hacia ella directa:

—¿Dónde me has traído? —le dijo con semblante muy serio.

—¿Te ha gustado el viaje, hermanita? Te he traído dónde hacen las mejores maxi-burguers de la zona junto con sus patatas de luxe. Mmm…, qué rico

Sabía que su hermana era de dieta súper estricta verde, verde y más verde. Así que si un día se deleitaba con una cena un poco menos saludable y más sabrosa solo había que decirle: «Bienvenida al mundo real».

Solo sentarse enseguida el camarero les trajo la cena. Su hermana se había encargado de pedir por ella. No pudo oponerse y se saltó la dieta por primera vez, después de muchísimo tiempo.

Durante la cena empezaron a hablar, a recordar su niñez, todos esos sueños que querían cumplir. Aquellos que deseaban al ver pasar una estrella fugaz o al soplar las velas de la tarta de cumpleaños.

Tenía tantas ilusiones que al ir creciendo nuestra querida responsable las dejó apartadas y tal vez, quedando en el olvido algunos de sus sueños. Se metió tanto en el mundo de adultos, de responsabilidades, de estar centrada y ser perfectamente perfecta....

Esa noche fue mágica para ambas, su hermana consiguió su primer cometido, que fue sorprenderla, y después de mucho tiempo tuvieron su momento para estar juntas. El volver a conectar, que con tantas obligaciones del día a día se habían alejado un poco. Pero lo más importante de aquella cita es que volvieron a reír a la par.

Esa noche la organizadora de los sobres sentía una felicidad un tanto triste o tal vez amarga. Sus sentimientos eran totalmente paradójicos, pero era como se sentía. No dejó que nada la nublase y así poder centrarse de nuevo en la estrategia del juego.

Preparó su sobre y el martes a las 7:00 de la mañana lo lanzó por la ranura de la puerta con muchísima ilusión. La verdad es que el juego le estaba ayudando a despejar su mente.

Solo pensar y centrarse en hacer esas pequeñas locuras que a una le hacen sentir viva. Esa era la finalidad, sentirse viva y con vida.

Desde el otro lado de la puerta su hermana lo recogió con tantísimas ganas. A ver qué le deparaba el incognito martes. En el sobre había escrito: «¿Preparada, madrugadora?». Lo abrió y leyó en voz alta:

Día: Martes

Lugar: Embarcadero nº 8 por la pasarela 6

Hora de recogida: 10 de la mañana

Tipo de ropa: Informal (bikini/bañador/trikini, tankini —a tu gusto—, chanclas, toalla)

PD. Sé puntual.

Cada vez que leía «PD: Sé puntual», se le entornaban sus ojos, pensando: «Cosas de mi hermana». Sabía que a puntualidad nadie la ganaba. Ya se lo tomaba como algo gracioso viniendo de quién venía.

Miró su reloj y no podía demorarse mucho, tenía que coger varias líneas de autobús para llegar al puerto olímpico donde habían quedado.

Hacía tiempo que no iba a ver las barcas, puede ser que desde niña. La cuestión es que lo recordaba con mucha nostalgia, le encantaba estar cerca del mar y de aquel paisaje que le transmitía tanta calma.

A las 10 ya estaba en su destino, lista y preparada. Cerró los ojos, inspiró aire, el olor le resultaba tan familiar después de tantos años.

Estaba tan feliz de volver a sentir como la brisa del mar le rozaba la piel. Estaba sumergida como en un sueño cuando una bocina de una lancha la despertó a la realidad. Y ahí estaba ella, sin perder su sonrisa, diciéndole: «Muy bien, hermanita, tan puntual como siempre».

Subió a esa lancha motora y se adentraron hacía el mar. Con el vaivén de las olas parecía que volaran, atravesándolas.

Buscando el camino hasta encontrar el lugar perfecto. La cara de su hermana era de asombro, de felicidad, de gritos alegres, de risas incontrolables.

Hacía tiempo que no la veía así, disfrutando el momento. Así que nuestra anfitriona lo estaba consiguiendo, su juego estaba siendo perfecto.

El patrón en alta mar paró el motor y llamó a ambas hermanas para que fueran a la parte trasera de la lancha. Sin apenas dirigirse a la segunda hermana, pues quién lo había contratado le pidió el favor de que no le contara nada, ya que era una sorpresa y así lo hizo, cumpliendo órdenes.

Le puso un chaleco salvavidas a cada una, les colocaron el arnés y, sin decir nada, les abrió el paracaídas. Así, mientras la lancha se puso en marcha, el instructor fue soltando poco a poco la cuerda que unía la barca con el paracaídas. Ellas miraban atentamente y solo sintieron un pequeño tirón y a volar.

Esta vez le regaló una actividad que creía que era perfecta para ella, el *parasailing*. A medida que la lancha cogía más velocidad, la altura era mayor. Los gritos que se escuchaban desde lo más alto parecían más de terror que de alegría, pero eso fue al principio.

Su hermana cogió su mano para tranquilizarla y le dijo: «Nunca te dejaré caer. Siempre juntitas. Nunca lo olvides».

Y después de ese momento empezó a disfrutar del ascenso y lo que antes lo veía con pavor ahora lo veía con tranquilidad. Disfrutando de esa maravillosa estampa, teniendo la mejor compañía y solo podía hacer una cosa que era SONREIR.

Miró a su ingeniosa hermana, que tenía la vista puesta en el infinito, esa línea que divide lo real de lo imaginario y allí estaban ellas entre esos dos mundos. Volando por lo imaginario donde todo era perfecto pero sin perder de vista la cruda realidad.

Cuando acabaron la experiencia acuática se abrazaron riendo, sin dejar de saltar, ni bailar, vaya chute de adrenalina les había dado dicho deporte, un subidón de vida. Las dejaron en una cala para pasar el día, luego más tarde las recogerían para llevarlas a tierra firme.

En la pequeña playa no había nadie, solo estaban ellas. Como si fuera un paraíso, su arena blanca, el bonito azul del mar, el sol. Unas perfectas vacaciones. Desconexión total.

Y a nuestra querida y alocada hermana se le ocurrió la idea de que tenían que bañarse desnudas. Que esa experiencia tenía que ser inolvidable.

Antes de que su hermana pudiera decir el monosílabo prohibido, se lo recordó. Una de las reglas del juego es que el «no», no existe en tu vocabulario.

Abrió perpleja los ojos, no se lo podía creer lo que su hermana estaba diciendo, sin bañador, sin ropa. Tenía que ser una broma pesada, pensó.

Entonces vio cómo la inventora del juego salía corriendo hacia el mar como su madre la trajo al mundo. Acto seguido y sin pensarlo mucho, cogió impulso e hizo un pequeño *sprint* a la vez que murmuraba algo que no se llegaba a entender…

Una vez que el mar cubrió sus cuerpos tapando o escondiendo sus zonas más íntimas, la segunda hermana ya se relajó y puedo gozar de ese momento tan único.

Eran inexplicable todas las emociones que se amontonaban por sorpresa, alegría, incertidumbre acompañadas del miedo. Tanto se podía sentir con un simple juego y la culpable de todo, era su amada hermana. Dándole esa vida que se le estaba yendo.

Después de haber pasado el día en la playa y cerca del mar llegaron a casa cansadas, una buena ducha y cada una a su habitación hasta el día siguiente. A esperar qué pautas tenían que seguir. Porque al final al juego, jugaban las dos.

Son las 11 de la mañana y no hay sobre debajo de la puerta de la habitación, algo que le extrañaba a la controladora hermana. Pero esta vez no se lo entregó hasta la hora de la comida. Se lo dio en mano. Abrió el sobre, sacó la hoja y ponía:

Día: Miércoles

Lugar: C/ Principal nº 12

Hora recogida: 16:00

Tipo de ropa: Informal, a tu elección.

PD. Hasta luego, corazón.

Está vez cambio el «sé puntual» por «hasta luego, corazón», le hizo gracia esa frase. En ese momento recordó que cuando era niña solo le encantaba dibujar corazones, de todos los tamaños y colores.

A todo el mundo le regalaba esos dibujos, corazones entrelazados, corazones solitarios, corazones uno dentro de otro. «Cómo una palabra puede tener el poder de despertar, recuperar o revivir lo que se ha podido olvidar», pensó.

A las 16:00 en punto ya estaba en lugar que indicaba la hoja. Miraba desde fuera extrañada, pensaba que esta vez su hermana se había equivocado de número o de calle porque se trataba de un estudio de tatuajes.

Así que cuando fue a buscar el móvil para decirle «querida, te has equivocado de calle», por detrás escuchó: «como siempre tan puntual».

Ella, girándose lentamente, se dio cuenta de que el lugar era el correcto. Sin poder articular palabra, la siguió sin oponer resistencia, ni pedir explicación. Se quedó tan parada que no supo reaccionar.

Como siempre la anfitriona del juego ya lo tenía todo pactado y hablado. Esta vez le dejó elegir el lugar del cuerpo donde las dos llevarían el mismo diseño. Una elegía el diseño y la otra el lugar, se complementaban siempre.

Así que nuestra sorprendida eligió la muñeca izquierda. Exactamente donde se siente el pulso del corazón, el sentir de la vida. El siguiente paso fue calcar el diseño, y es cuando vio que su hermana había hecho la mejor elección. Dos corazones entrelazados.

Al salir del local solo se miraban las muñecas como si fuera su más preciada obra de arte.

De nuevo las emociones como si de una montaña rusa se tratase. Su hermana en estos días le hizo volver a vivir. Dándole ese toque de chispa y locura que es lo que realmente endulza la vida.

Le estaba eternamente agradecida por estos días que le estaba regalando. Porque para ella su presente era un regalo.

Esa noche decidieron descansar, ya bastante intenso había sido «el momento aguja en mi cuerpo». Así que se quedaron en casa. Cada una en su habitación con papel y boli. El mensaje que recibiría cada una, sería totalmente diferente.

Mientras estaba ideando el plan para el día siguiente, recibió una carta por debajo de la puerta, pensando «mi hermana ya está haciendo de las suyas». Con esa sonrisa abrió el sobre. Solo empezar a leer su rostro cambió. La carta decía:

Querida hermana:

Te estoy escribiendo sin poder parar de llorar. No sé ni por dónde empezar. Lo único que puedo hacer es pedirte disculpas por la manera en que te tuviste que enterar de la enfermedad que padezco.

Yo hacía tiempo que lo sabía, pero fui incapaz de contarte nada. No encontraba ni el momento ni la forma, porque ni yo misma me puedo creer lo que está pasando por dentro de mi cuerpo.

Pensaba que nunca me vería en esta tesitura. Que cuando escuchas y te enteras de quién lo padece, parece que queda muy lejano. Y no es así, puede ser un golpe de suerte y que ni tú ni nadie de tu alrededor lo sufra o lo padezca. O que te toque y tengas que habituarte a esa nueva forma de vida.

Visitas rutinarias al médico, tratamientos agresivos, nuevos medicamentos... Uf, creo que nunca te puedes hacer a la idea.

Vives con el miedo de si se irá del todo, si saldré vencida o saldré vencedora. Imagínate, te vas a dormir con el miedo de si a la mañana siguiente volveré a abrir los ojos, si volveré a sentir lo que siento o simplemente mi vida dejará de respirar...

No quería alargar más la situación, tenías que saberlo, por eso avisé al doctor de que irías tú y que me hiciera ese gran favor, que te lo explicara de la mejor manera.

Perdóname por haberte cargado con este peso tan grande durante estos días, no te lo merecías. Solo puedo decirte que estoy muy orgullosa de que seas mi hermana. Has conseguido que un momento tan duro y tan triste se haya convertido en un juego muy divertido.

Sorprendiéndome cada día y dándome esa dosis de vida que ahora tanto necesito. Has hecho que me olvide de la realidad y que haya disfrutado cada momento, recordando sensaciones que tenía aparcadas.

Solo tú has podido conseguirlo, eres mi hada madrina, todo lo que tocas lo conviertes en magia.

Me hubiera gustado seguir jugando juntas y no estar redactando esta carta. Pero mañana jueves por la tarde ya empezaré con el tratamiento. Así que por la mañana he reservado hora en la peluquería.

No sé qué va a pasar a partir de ahora. Estoy muy asustada y tengo un miedo atroz.

Nunca olvides que te quiero y siempre estaré eternamente agradecida por formar parte de mí.

Te quiero, loquita mía.

PD.: Gracias por hacerlo todo tan fácil.

Al acabar de leer la carta se le fueron todas las fuerzas. Desplomándose en su cama, sin parar de llorar desconsoladamente. Fue la peor noche de su vida. Entre lágrimas se adormilaba pero volvía a sobresaltarse sin dejar de pensar en ella, en su gemela.

La enfermedad ya iba cogiendo su forma, ya iban a empezar con el tratamiento. No iba a abandonarla jamás. Esa noche sacó todo el enfado que llevaba dentro.

Fue a través de esas lágrimas incontrolables, pero ese gran vacío que le quedó en su interior lo lleno de fuerza. Ahora venían momentos duros y tenía que seguir fuerte. Acompañándola, sujetándola y nunca dejándola caer.

Desde el día anterior las hermanas no habían coincidido. Salió de su habitación con su apariencia seria, pensando que su gemela se habría quedado en la cama descansando, que habría pasado una mala noche o tal vez estuviera molesta con ella por no haber compartido antes su secreto.

Se fue a primera hora de la mañana a la cita con su peluquera. Tenía que raparse su larga melena, tenía ese nudo que no le dejaba hablar, ni tragar, ni respirar. Sentía una presión punzante en su ánima y le invadía una gran tristeza. Aunque intentaba disimular, sus ojos eran el espejo de su alma.

Entró en el salón de belleza sin mirar a su alrededor. Se sentó en aquella silla que le indicaron, le pusieron la capa dándole los buenos días. Su mirada estaba fija en el suelo, sin poder pronunciar ni una sola letra. Estaba sumergida y hundida en sus pensamientos.

Y de pronto escuchó: «Como siempre tan puntual». Esa voz junto a esa frase es lo que le dio el brillo a sus ojos, le dio esperanza, le dio ánimo, le dio vida. En ese momento esas palabras se convirtieron en esa melodía tan celestial que ella tanto necesitaba oír. Estaba ahí, junto a ella.

Levantó su mirada hacia ella. Y cuando la vio no pudo dejar de llorar, un llanto desgarrador.

Su elocuente hermana le preguntó: «¿Tan mal me queda?». Ella solo pudo negar con la cabeza, susurrando: «Estás muy guapa con tu nuevo *look*».

Simplemente lo había hecho por ella, se había rapado la cabeza, quería acompañarla en los siguientes pasos que a partir de entonces tenían que andar juntas y de la mano.

Al llegar a casa se sumieron en un eterno abrazo, ahora les quedaba un duro trayecto por recorrer y todo acababa de empezar.

La risueña hermana le entregó un cuaderno, era su diario de cuando eran niñas. Le dijo: «Intenté hacer tus sueños realidad». En esa libreta había una lista de deseos:
- Subir a un carruaje tirado por caballos como si fuera una princesa
- Comerme la mejor hamburguesa
- Surcar los mares como los piratas
- Volar como si fuera un pájaro
- Bañarme en una playa desierta y desnuda
- Tener corazones que laten de verdad
- Dar la vuelta al mundo como Willy Fogg.

Al acabar de leer su lista, pudo entender por qué todo le resultaba tan conocido. Lo tenía guardado en el cofre de su cabeza, su tesoro más valioso, sus sueños. Y su humilde hermana intentó hacerlo todo realidad, despertando sensaciones que se habían apagado.

Lo consiguió, cumplió sus deseos, sintió ser una princesa con su carruaje, se comió la mejor hamburguesa que nunca había probado, surcó los mares con su lancha motora, voló alto, muy alto, sintiéndose libre a la vez que disfrutaba de su baño tan relajante sin ataduras, sintió el latir de dos corazones entrelazados de por vida…

Casi todo era lo que había soñado de pequeña y se había hecho realidad. No dejaba de sonreír pensando que más tarde o más temprano los sueños se pueden hacer realidad. Sin esperar a que una mala noticia llame a la puerta de tu vida, dándote un toque o el último aviso.

A la mañana siguiente recibió el último sobre por debajo de la puerta que ponía: «¡A por el último!». Mientras lo abría, no dejaba de emocionarse.

Sacó el folio y ponía lo siguiente:

Día: Jueves. Cuando acabe el tratamiento

Hora de recogida: A primera hora de la mañana

Tipo de ropa: Súper cómoda e informal

PD. Sé puntual. La vuelta al mundo nos espera…

Cogió la hoja de papel, se la acercó al corazón y de nuevo, volvió a sonreír a la vida.

A quién
hierro mata
A
hierro muere

Te fui conociendo poco a poco. Lo que fue una casualidad se fue convirtiendo en algo rutinario. Desde aquella caída en bici, enseguida viniste a salvarme, a saber de mí. Como si fueras ese príncipe azul que viene a rescatar a su doncella. Me pareció tan romántico.

Y desde aquel momento siempre nos veíamos a la misma hora y en el mismo lugar. Era nuestro santuario. Te fui conociendo poco a poco. Todo lo que me ibas mostrando, me iba gustando a la par que lentamente me iba enganchando. Quería saber más sobre ti. Las horas a tu lado pasaban volando. En un abrir y cerrar de ojos, tenía que volver a despedirme. Siempre me resultaba una triste despedida, me sabía a poco. Cada vez me costaba más alejarme de tu lado.

Apareciste cuando menos lo esperaba y más lo necesitaba. Fuiste ese rayo de luz en mi oscura vida, fuiste ese aire fresco en mi ahogada rutina, fuiste esa locura en mis conservadores días, fuiste esa alegría en mi triste sonrisa, fuiste tantas cosas que sentí volver a la vida y con ello el volver a amar.

Toda tu galantería, toda tu atención me la dedicabas. Nunca apartabas tus bonitos ojos, tu mirada penetrante me hacía estremecer. Me mirabas con tanta delicadeza, parecía que tenías miedo a que pudiera romperme. Te habías convertido en mi protector.

Yo estaba loca de amor. Sentía que por fin había encontrado al amor de mi vida. Me convencía una y otra vez de que eras la persona perfecta e indicada para mí. Me enseñaste a entender el significado de amar, eso pensaba yo. Creía que era tan similar a mi forma de sentir, de querer. Éramos almas gemelas.

Tus palabras tenían tanto poder sobre mí… Cuando leía aquellas cartas que de vez en cuando me enviabas, las leía una y otra vez hasta enamorarme de esas faltas de ortografía, de esas oraciones sinsentido que me hacían reír o aquellas conversaciones que tenían captada toda mi atención.

De una manera u otra siempre estabas muy presente en mi día a día. Habíamos formado un mundo donde solo existíamos tú y yo. No había cabida para nadie más.

Tú conmigo y yo contigo, ese era tu pacto. Ese era tu plan.

Todo iba viento en popa a toda vela. Juntos, juntos y siempre juntos. Yo me sentía encantada, siempre me elegías a mí como tu primera opción. Me llenaba de orgullo el sentirme única. Con tu actitud, mi ego se iba engrandeciendo cada vez más. Sin darme cuenta me había convertido en una adicción para ti. Y como bien sabemos, las adicciones nada bueno traen.

Hasta que llegó ese día. Ahí empezaste a enseñarme la patita, como en el cuento del lobo y los siete cabritillos. El lobo llama a la puerta, haciéndose pasar por la madre de los pobres cabritillos. Enseña su patita pintada de blanco por la rendija de la puerta. Su única intención es mentirles para poder entrar y comérselos a todos sin piedad. Uno tras otro. En ese momento empecé a convertirme en esa cabritilla de color blanco que te abría la puerta sin preguntar: «¿Quién es?».

¿Te acuerdas de cuando miré a aquel chico porque su cara me sonaba? Pensé que era un amigo de la infancia con el que había ido a primaria. ¿Recuerdas qué pasó luego? Te voy a hacer memoria, me agarraste tan fuerte del brazo, dejando tus dedos marcados en mi piel. Acercaste tus labios a mi oído y lleno de rabia susurraste: «Lo vas a pagar muy caro». Te fuiste y me dejaste allí sola. Yo sin saber qué hacer. Me senté en el primer banco que encontré. Me empezaron a temblar las piernas e hice lo único que podía hacer, llorar.

Estuve días sin saber de ti, hasta que apareciste arrepentido, llorando, intentando justificarte, pidiendo mil veces perdón y repitiendo una y otra vez que nunca en la vida volvería a ocurrir. Te vi tan roto que solo pude abrazarte y llorar contigo.

Nuestras tristes lágrimas dieron paso al retorno de nuestra época gloriosa. Volvimos a respirar amor. Tu aire era lo que me daba vida. Volvieron a reinar los halagos, los detalles, las muestras de cariño, las dedicatorias, las sorpresas. Tú volviste a reinar mi vida. Volviste a ser aquel que un día me deslumbró.

¿Te acuerdas de aquel día que reservé aquel bonito lugar para cenar? Quedamos en el restaurante ya que tú salías más tarde de trabajar. Me pasé toda la tarde arreglándome para ti. Quería sorprenderte y creo que lo conseguí.

Tu cara, cuando me viste entrar por la puerta, lo dijo todo, habló por sí sola. Me apresuré en darte un beso, tenía tantas ganas de verte. Cuando llegué a tu altura, me giraste la cara a la vez que por tu boca salían esas palabras en forma de humillación: «Pareces una furcia, una ramera».

Me quedé tan perpleja que me senté en la silla sin poder articular palabra. Me tragué todas esas lágrimas que intentaban salir a borbotones por mis ojos tristes y de nuevo rotos. Esa noche volvió a aparecer ese lobo que tanto habías escondido en tu oscura cueva. Pero como he dicho, solo lo habías escondido.

Al llegar a casa me agarraste del cuello con mayor intensidad que la anterior. Tus ojos me miraban con tanto odio, no te reconocía. Estabas fuera de ti. Apretabas tan fuerte que me faltaba el aire. Por un momento sentí que ya llegaba mi hora, en menos de unos segundos vi pasar mi vida por delante, como si fuera una película.

Cerré los ojos esperando a que acabara pronto ese ahogamiento que estaba sufriendo. Sin esperarlo, me soltaste con tanto desprecio, me escupiste y me dijiste que todo lo había provocado yo. Que toda la culpa era mía.

Escuché el portazo de la puerta, era la señal que tanto ansiaba oír. La señal de que ya te habías ido, que ya te habías alejado de mí. Ese sonido fue un gran alivio para mí.

Temblorosa y muerta de miedo caí en el suelo, desplomada, con la respiración muy agitada y deshaciéndome en lágrimas. De nuevo volvía a convertirme en esa cabritilla del cuento que había estado a punto de ser devorada por el lobo feroz.

Pasaron semanas sin saber de ti. Yo estaba en una situación contradictoria. Por una parte no quería saber nada que proviniera de ti, me causaste tanto daño... Pero por otra parte tenía tantas ganas de verte...

Quería que me enviaras una pequeña señal o muestra. Que todavía seguías a mi lado. Que podíamos volver a retomar aquellos ciclos de vida que teníamos. El de enamoramiento, el de luna miel, el amor en estado puro, como tú y yo habíamos conocido y saboreado. Y olvidarnos sin más de esos episodios tormentosos que habíamos experimentado.

Mis plegarias se hicieron realidad. Llegó a mi vida aquella señal que tanto había suplicado.

Aquel maravilloso día, cuando te vi apoyado en el portal de mi casa, cabizbajo y esperándome. Mi corazón al verte latía sin cesar y a un ritmo acelerado. Te volvió a reconocer. Nunca se olvidó de ti. Nunca dejó de amarte. Te quería tanto...

Y de nuevo volví a escuchar las justificaciones sin fondo, las escusas baratas, el prodigar ese amor eterno y ese famoso «nunca más va a ocurrir». Te creí y para demostrártelo te regalé otra vez mi vida.

Parecíamos tan enamorados. Habías exterminado a ese lobo que a veces había habitado en tu interior, o eso creía yo. Pero como bien dicen, no hay dos sin tres. Y es lo que nos ocurrió a nosotros. Y a la tercera va la vencida.

¿Te acuerdas cuando me fui a esa cena de empresa? Tú me animaste a ir y antes de salir de casa me dijiste: «Pásatelo bien, princesa». Dándome un beso de despedida.

Me fui sonriendo y pensando que la vida me había dado una nueva oportunidad de tenerte a mi lado. No podía salir nada mal, nuestro amor era indestructible, como siempre habíamos demostrado.

La noche se me pasó rapidísima entre cena, risas, bailes, charlas... Pero lo que yo más ansiaba era llegar a casa y acurrucarme entre tus brazos y deleitarnos con esos besos y esas caricias tan sensuales que solo nosotros conocíamos. No tenía ninguna duda de que nos esperaba una noche inolvidable. Nunca mejor dicho.

Al llegar a casa, me sorprendió verte sentado en ese butacón, con la luz apagada, acompañado de una botella, no sé si era de ginebra o de vodka, pero estaba casi vacía. De fondo solo se escuchaba el debate de un programa de televisión nocturno.

Tenías esa mirada pérdida que reconocí de otras veces, esos ojos llenos de furia. Intenté hablarte con dulzura y acércame a ti. Pero me empujaste con fuerza y ahí volvió a empezar nuestro tormento. Volvió a aparecer ese lobo malvado y yo volví a ser la asustada cabritilla.

Te abalanzaste sobre mí, podía sentir tu cuerpo encima del mío. Me tenías retenida, aprisionada, sin poder defenderme. Solo gritabas, parecía que estabas poseído. No entrabas en razón.

Te suplicaba una y otra vez que me dejaras, que me soltaras, que me hacías mucho daño. Mis sollozos no hicieron que pusieras fin a tu ira. Ni que te apiadaras de mí. Todo lo contrario, te enervabas más en mi contra.

Rezaba para que se acabara esa terrible pesadilla. No podía ser real lo que me estaba ocurriendo. Aproveché esa oportunidad que me brindaba la vida. Y en un forcejeo, me pude escapar de tus garras. Me seguías, parecía que querías acabar conmigo.

Querías poner fin a nuestra historia de una manera tan letal. La situación se había convertido como ese ratón que quiere escapar de su depredador. En un momento creí y pensé que había tomado la distancia oportuna. Que al menos no podrías ni tocarme, ni rozarme y mucho menos lastimarme. Pero me equivoqué.

Lancé un grito desgarrador al sentir cómo estirabas y arrancabas mechones de mi pelo con tu mano. Me empujaste a conciencia para que me golpeara contra la pared. Noté un dolor punzante a la altura de las costillas. Algo por dentro se había roto aparte del amor que reinaba en mi corazón hacía ti.

No podía morir en manos de mi amado, así no. Reuní las pocas fuerzas que me quedaban e intenté salir corriendo y llegar hasta la puerta, esa era mi meta y mi libertad. Solo quería pedir auxilio, que alguien me ayudara, que me sacara de ese piso que iba a ser mortal para mí.

Tenía la manivela entre mi mano, solo me quedaba bajar la maneta y abrir. Estaba a punto de conseguirlo, de llegar a la salida, a mi salvación. Cuando de repente noté un fuerte golpe en la cabeza... y ya no me acuerdo de nada más. ¿Qué paso? ¿Me lo quieres recordar? ¿Qué me hiciste?

Pienso que si en el primer «te acuerdas» yo hubiera reaccionado parándote los pies, poniendo mis límites. Sin callarme, sin taparme yo misma la boca. Sin haber dejado pasar por alto todos y cada uno de tus maltratos.

Yo ahora mismo no te estaría hablando envuelta entre nubes de algodón y reclamando mi justicia en silencio. Pasé de ser una asesinada cabritilla a convertirme en una estrella brillante del firmamento.

Si en el primer «te acuerdas» hubiera hablado, sin avergonzarme, sin sentirme culpable, sucia, sin valor, sin ser merecedora de nada e intentando evitar escuchar el famoso «te lo dije», o que alguien pudiera recriminarme algo sobre ti.

No me encontraría volando y alejada de los míos, viendo con pena cómo lloran mi ausencia.

Si en el primer «te acuerdas» yo no me hubiera distanciado de mi entorno para que no pudieran decir cualquier adjetivo negativo que recayera sobre el que yo creía el amor de mi vida. Que eras tú.

Si hubiera pedido ayuda, ahora mismo no sería una simple narradora y observadora de tu vida.

Mi único propósito era protegerte y hacerte feliz. Tú, en cambio, me quitaste la vida en nombre del amor. ¿Qué diferente forma de amar, no crees?

Y ahora aquí estoy, viendo cómo cumples condena. ¿Crees que mi vida vale lo mismo que tus años encerrado? Puede ser que seas un preso modelo y que te reduzcan la pena por tu buen comportamiento. Eso la justicia lo decidirá.

Solo quería decirte que mientras estés ahí encerrado, no volverás a ser ese cruel verdugo a la merced de volver a conquistar otra pobre víctima más. Y así, no volverá aparecer ese lobo cruel y mentiroso capaz de atacar y arrebatar la vida a una inofensiva cabritilla. Ya no.

¿Sabes? Puede que te resulte extraño, pero sé cómo te sientes. El estar ahí metido entre esas cuatro paredes. No sé si sabes que a veces las prisiones se abren desde dentro y yo estaba metida en una, por temor a salir.

Así que sin miedo, abre la puerta desde dentro y sal de tu prisión. En busca de tu libertad.

Sólo tú tienes la llave

Hoy Por Ti,
mañana por mí

Ay mi querida amiga: «¿Te acuerdas de cuando nos conocimos?». Empezamos infantil en ese colegio nuevo que era desconocido para las dos. La casualidad de la vida, llevábamos la misma bata, era de cuadritos de color verde, nuestro color preferido, el de la esperanza, ¿sería una señal del destino? Ya teníamos algo en común.

A la hora del recreo ya estábamos juntas con nuestro cubo y nuestra pala para ir a jugar con las piedras que parecía que nos estaban esperando... Así empezó nuestra historia, jugando.

Pasamos a primaria, ya no solo compartíamos los patios, sino los trabajos en grupo, nuestras confidencias de los posibles amores de clase, las pequeñas riñas con las demás niñas, las llamadas de atención de los profes, los chistes que nos inventábamos o ser el pañuelo para secar las lágrimas que también derramábamos. Podríamos destacar esa etapa lleno de sonrisas. Qué bonita niñez.

Llegó la llamada a la selva, la famosa adolescencia, recuerdas nuestros cambios de ropa a escondidas, nuestras quedadas de los fines de semana, las tristes decepciones, los grandes amores, nuestros primeros besos, el conocer a tanta gente tan diferente, nuestras noches de marcha, aquellas pequeñas mentiras para encubrirnos de los posibles castigos de nuestros padres... Siempre contábamos la una con la otra.

Llegó ese día de graduación, cuando con pena tuvimos que separar nuestros caminos, pero no por ello perdimos el contacto. Intentábamos buscar la manera de vernos. Ya no éramos solo amigas, nos habíamos convertido en hermanas, no por la sangre que corría por nuestras venas, sino por la vida, que nos había unido desde pequeñas.

Podemos decir que nuestro pasado fue un regalo para nosotras y tan bonito, lleno de felicidad, solo recordarlo se me escapa la risa con nuestras pequeñas locuras.

¿Te acuerdas de cuando te hablé de ese amor que nunca había experimentado? Estaba completamente enamorada de esa persona tan especial que apareció en mi vida y, como consecuencia, también apareció en la tuya.

Me mirabas con aquellos ojos que te brillaban al escuchar cada una de mis palabras. Te alegraste tanto por mí que nos fuimos a celebrarlo como tú y yo sabíamos… Baile, risas, abrazos, lágrimas y siempre acabábamos frente al mar.

Sentadas en la arena, con nuestra copa en la mano para brindar por un día más vivido y por ese regalo que es la vida. Agradeciendo el compartir cada uno de nuestros momentos.

Nuestro ritual era el siguiente, primero buscábamos la estrella que más brillaba en el firmamento. Para nosotras no eran simples estrellas, eran nuestros seres más queridos, que habían tenido que abandonar este mundo real para convertirse en pura luz o luz pura, era nuestro juego de palabras, ¿lo recuerdas?

Alzábamos nuestras copas, medio llenas y soltábamos a la vez: «Por ti». Nos quedábamos en silencio hasta que aparecía el alba blanca, esa luz del día que señala que ya rompe el amanecer y sale nuestro adorado don Lorenzo con toda su fuerza y esplendor.

Y ahora me encuentro aquí sentada, en un silla de está fría habitación de hospital. Intento que no me veas llorar, me limpio las lágrimas con el puño de la manga lo más rápido posible. Te quiero dejar descansar, pero no te quiero dejar ir, todavía no.

Te miro, estás con tus ojos cerrados sin fuerzas para poder abrirlos. Sabes que te estoy mirando e intentas dibujar una sonrisa con tu boca, a la par que me enseñas el dedo pulgar, indicándome que todo está OK.

Siempre has sido así, quitando hierro al asunto, intentando no darle importancia, ni queriendo preocupar a los de tu alrededor.

Me acerco, cojo una gasa y con delicadeza te humedezco los labios con agua. Te doy un beso, te agarro y aprieto tu mano para que sientas que sigo a tu lado. No te voy a dejar sola. No me hago a la idea que algún día ya no despiertes. Interiormente te pido que no me abandones, pero sé que tu esencia se está apagando lentamente.

Me viene a la mente aquel fatídico día que con semblante serio me dijiste que te habían encontrado algo en tu pierna «como unos bultitos», dijiste. Había que analizarlos, pero seguramente no pintaba nada bien.

Tendrías que empezar a hacer un tratamiento un poco agresivo. Me costó digerir esa tremenda noticia, pero como ya he dicho, te encargaste de pintarlo con más color, con más vida.

Dicen que la paciencia es amarga pero sus frutos son dulces y eso es exactamente lo que ocurrió. De nuevo la esperanza apareció en nuestras vidas, los resultados eran muy buenos. Habían desaparecido los famosos bultitos.

Como consecuencia de este duro proceso, te había quedado una leve cojera, pero con alegría lo solucionaste, con ayuda de una muleta. Formaba parte de tu vestuario de cada día.

Fueron pasando lo meses y parece que la normalidad volvió a reinar en nuestras vidas. Todo iba a las mil maravillas. Esa dura situación me enseñó a valorar cada segundo de mi vida. Qué gran lección nos mostró una gran desgracia.

A cada momento teníamos un «te quiero» en nuestra boca, aprovechábamos cualquier situación para hacer una escapada. Se puede decir que disfrutábamos y exprimíamos la vida al máximo. Volvieron a abundar las risas.

Después de una de tus revisiones, volviste con aquel semblante que me resultaba tan familiar y no auguraba nada bueno, otra vez no.

Había cambiado la situación, no habían desaparecido del todo. «Los bultitos» iban creciendo en la clandestinidad de tu cuerpo.

Volvía a empezar de nuevo los fuertes medicamentos que hacían que aumentara tu fragilidad. Dejaste la muleta de lado para acomodarte en una silla de ruedas, tu pierna ya no respondía... Pero tu animado carácter no dejó que nada te quitara esas ganas por vivir.

Un día, en una de nuestras conversaciones, me dijiste que Dios da sus peores batallas a sus mejores guerreras. En ese momento, sinceramente yo no sabía si enfadarme con Dios por darte este sufrimiento o contigo por ser una gran luchadora.

Creo que me enfadé conmigo misma, porque no te merecías lo que estabas pasando y yo no podía ayudarte a hacerte la vida más fácil. Me sentía tan impotente. Pero cambié mi forma de pensar. Decidí que yo siempre estaría al lado de esa gran guerrera, como fiel y leal escudera. Protegiéndote, cuidándote. Y así lo hice.

Estás tumbada en esa cama, solo veo cables que van a parar a tu cuerpo, proporcionándote esas dosis de medicación, para aliviar ese dolor que tienes y sientes. Tu bonita cara a veces hace gestos de sufrimiento aunque lo intentas disimular.

De golpe, todo está empeorando, los monitores no dejan de emitir sonidos, como de alarma. Entran las enfermeras, se van corriendo en busca del doctor. Me pongo de pie, sin dejar de mirarte, sin perder el tiempo, me voy a un lado de la cama en busca de tu mano. Necesito agarrarte fuerte. No te vayas. No me dejes sola, repito una y otra vez.

Desesperada espero tu sonrisa o alguna señal que me diga que estás bien. De repente noto cómo unas grandes manos me cogen por los brazos y me apartan, me alejan de ti.

Me hacen esperar en ese frío, solitario e interminable pasillo. Sin fuerzas me dejo caer en el suelo, escondo mi cara entre las manos y rompo a llorar de impotencia. No hay consuelo para tanto dolor que alberga mi cuerpo...

Pasado un rato sale el doctor, me dice que te van a sedar y que solo queda esperar. ¿Esperar? ¿Esperar a qué, doctor? Baja su mirada y con su silencio lo dice todo.

De nuevo me voy corriendo hacia la habitación, no puedo perder ni desperdiciar ni un solo segundo sin estar a tu lado. Me coloco junto a ti, te susurro en el oído con voz rota un «vuela alto, amiga, como tú sabes. Te quiero». Te doy un beso en la frente, cojo tu mano y la apretujo tan fuerte que ya solo me queda esperar.

¿Sabes, querida? Ahora que te has ido, quería decirte que ganaste, sin duda fuiste una gran ganadora. No dejaste que te destruyera más, no dejaste que te hiciera insoportable ese dolor que te iba comiendo lentamente por dentro. Aunque ya no estés, fuiste, eres y serás siempre, mi gran guerrera.

Todavía me cuesta asimilar que ya no formarás parte de mi futuro, que las dos juntas ya somos parte de un pasado y nos hemos convertido en un bonito e imborrable recuerdo. Ya no tendremos nuestros divertidos planes de futuro.

No me puedo imaginar que ya no estés a mi lado. Quiero engañarme, quiero pensar que todo ha quedado en un maldito sueño, en una horrible pesadilla...

Sigo esperando una llamada, un mensaje, un audio de aquellos tan largos que me hacías o simplemente quiero verte. La verdad es que cada día que pasa, sigo esperándote.

Pérdida, destrozada, cabizbaja y sin saber dónde ir. Me encuentro frente al mar, sentada en la arena, buscándote en el inmenso firmamento, esperando con tristeza el alba blanca, alzando mi copa medio vacía y...

«Por ti».

Haz de Tus Sueños Una Realidad

Todo empezó como una terapia, plasmar cada una de mis emociones, sensaciones, preocupaciones, traumas de la infancia, esas heridas mal curadas. Y como bien dicen «Romero, Romero, que salga lo malo y entre lo bueno».

Y es lo que hice. Empecé a escribir historias. Algunas son propias, otras escuchadas y otras totalmente inventadas. Pero en cada una de ellas existe ese hilo conductor, un tema en común, y es el amor.

Aparece el amor incondicional hacia un familiar, el amor al prójimo, el amor hacia una mascota, un amor tóxico que puede llegar a hacer tanto daño, ese amor tan bonito y sincero que cuidas y te cuida hasta el fin de los días.

Pero el más importante y el que a veces cae en el olvido es el AMOR PROPIO. Para mí es el motor de la vida. Y es el que hay que respetar, adorar, apreciar, mimar, cuidar, querer y amar. Porque gracias a él tus sueños se harán realidad.

Yo he cumplido uno de mis sueños y tú ya formas parte de él. Solo puedo decirte que mil gracias y que cumplas muchos sueños más.

Índice